点亮艺术之眼

——伟大的博物馆

伟大的博物馆

Louvre Parigi

巴黎卢浮宫

〔意大利〕亚历山德拉·弗雷格兰特 编著
娄翼俊 译

内蒙古科学技术出版社

前　言

从弗朗索瓦一世到拿破仑，再到密特朗，从美轮美奂的方形中庭（或曰卡利庭院），到贝聿铭设计的未来主义样式的玻璃金字塔——似宇宙飞船欲一飞冲天，这座兴建于数百年前的宏伟宫殿，如今依然焕发着勃勃的生机。

一直以来，卢浮宫象征着对艺术名作的认证，它伴随着法兰西的命运演变，成功地将其艺术财富发扬光大。在成为“艺术博物馆”的代名词以前，它曾经是法国国王的气派居所。卢浮宫始建于腓力二世·奥古斯都在位时期，后由骑士国王弗朗索瓦一世下令拆毁，仿照意大利文艺复兴的风格进行了重建。自此之后，它的扩建工作开始了持续而飞速的发展，卡特琳娜·德·美第奇、亨利四世、路易十三和路易十四先后参与其中。路易十四在位期间，建筑师克洛德·佩罗（也有人认为是贝尼尼）建造了著名的柱廊，赋予这座宫殿雄伟而宽阔的立面。但也正是由于“太阳王”路易十四在1678年做出了搬离卢浮宫、入住新建的凡尔赛宫的决定，卢浮宫成为艺术圣殿的命运才最终揭晓。

不过，要想化身为世界上最大的公共博物馆，卢浮宫还得再等上一个世纪。路易十五时期，时任皇家建筑、艺术、园林及制造局总监的马利尼侯爵首创性地提出了如下倡议：为国王的藏画举办公共画展，让公众也能有机会欣赏到王室的绘画。1750年，在这位显赫而开明的侯爵的主持下，卢森堡宫的部分厅室被布置成了精美的画廊，展出了鲁本斯绘制的大型系列组画《玛丽·德·美第奇生平》和另外的110幅油画、20幅素描作品。这些展厅每周开放两次，每次开放三小时。1755年，在马利尼侯爵的继任者安吉维勒伯爵的提议下，亨利四世于1594—1608年间修建的卢浮宫大长廊也被改作绘画展厅。这条一眼望不到尽头的长廊（近500米长）被认为是一个理想的展览场所，它注定会成为博物馆的核心中的核心，所需要的只是适当的创新性改造：在宫殿棚顶开设玻璃天窗，使自然光从上方倾泻而下。

在这项宏伟的计划提出之际，正值公共博物馆的新颖理念萌发于欧洲各国之时。庇奥·克莱芒蒂诺博物馆的开放，标志着罗马成为引领这股潮流的先锋。不过，要想看到这项计划付诸实施，还需要等待法国大革命的到来。1792年9月27日，随着路易十六被废黜和下狱，法国国民公会颁布法令，决定将这座曾经的王宫改造为公共博物馆，并赋予其一个充满爱国主义情怀的名字：法兰西博物院（1796 年更名为更具官僚色彩的“中央艺术博物院”）。路易十六被送上断头台后，法兰西博物院于 1793 年 11 月 9 日正式开放，在方形沙龙（或曰卡利沙龙）内展出了一系列绘画作品，并从 1800 年起将展览区域逐渐扩展至大画廊（即此前的大长廊），利用其底层陈列古代雕塑。随着艺术名作从世界各地到来，大画廊内的藏品数量在此后几十年中得到了惊人的增长，从拿破仑向博尔盖塞家族购得的大理石雕塑到《米洛的维纳斯》和《萨莫特拉斯的胜利女神》那样的传奇之作，应有尽有，无所不包。

博物馆当然是免费开放的，但这仅限于特定的时段，即周六和周日的上午 9 点至下午 4 点，其他时段则是专为艺术家们保留的。频繁出入卢浮宫是艺术家们的传统，这不仅是因为他们希望通过对名作范例的学习实现自我提升，而且还因为这座宫殿自 1692 年起便是皇家绘画与雕塑学院的所在地。如果成为这所学院的院士，还能有机会在卢浮宫居住。

法国大革命时期，民主派的领袖们为这座博物馆的发展共同出谋划策。他们为每幅画作配上文字说明，在古代文物的展厅内举办学术讲座，并出版发行了价格低廉、简明易懂的藏品目录。拿破仑在武力扩张的同时，从欧洲各国尤其是荷兰和意大利征调来大量的艺术品，使卢浮宫一举成为世界上最大、最壮观和有史以来藏品数量最多的博物馆。

不少名家大师参与过卢浮宫博物馆的设计或管理，如画家休伯特·罗伯特（他以一系列华美的室内风景画留下了对那个非凡年代的回忆）、史上最伟大的文物学家埃尼奥·奎里诺·维斯康提和卢浮宫博物馆的首任馆长维旺·德农。在他们三人之中，德农的贡献尤大。这位年迈的馆长本人也是一名艺术家，信奉自由思想哲学，爱好旅行探险，曾赴西西里岛游览，1802 年还陪同拿破仑前往埃及考察。他赋予博物馆的管理一种现代化理念，通过对广受欢迎的版画、石膏模型和画册的销售，每年为卢浮宫带来了 30000 至 35000 法郎的收益，然后将这笔钱再投资于购买其他艺术品，从而成功地为这座博物馆赢得了盛誉。在当时，就像今天一样，各大报刊纷纷记录下了展厅内能看到的那番景象：“潮水般的人群奔涌至展品前，贪婪地注视着这些艺术名作，询问对作品的解释说明，然后颇有见地地抒发自己的赞赏或批判。”

费尔南多·马佐卡

目 录

巴黎卢浮宫

“我觉得，卢浮宫里什么都有，任何艺术品只要进了卢浮宫，就会为人们所接受和喜爱。”保罗·塞尚的这番话是一位流连于卢浮宫内的艺术家的内心写照。对于艺术家们来说，卢浮宫的藏品带给他们的不仅仅是美的享受，还有对其自身创作的鼓舞和灵感的启发。不过，任何人只要参观了这座巨大而非凡、汇集了一万一千年的文明与文化的艺术宝库，都会产生这儿“什么都有”的感想。

卢浮宫博物馆诞生于1793年，是继伦敦的阿什莫林博物馆（1683年）、德累斯顿的历代大师画廊（1744年）和梵蒂冈博物馆（1784年）之后开放的欧洲首批博物馆之一。今天，卢浮宫在法国乃至世界文化生活中扮演着举足轻重的角色，它的七个展览部门共同为地中海各个文明的古代艺术的演变和欧洲艺术从中世纪前期到19世纪上半叶的发展提供着见证。要讲述卢浮宫的历史，就不能不提及法兰西的历史，以及这个国家所经历的一系列政治事件和历史变革。

卢浮宫始建于12世纪末，正值法国政权在“虔信基督教的”几代国王的努力下得到巩固之时。1190年，腓力二世·奥古斯都（1180—1223年在位）下令，在面朝今天方形中庭的西南面的地方修建了卢浮宫城堡和塔楼。城堡的遗迹在当代“大卢浮宫”计划前期开展的发掘工作中重见天日，如今成为游览路线上的一环。

这座古老的中世纪城堡在后来的岁月中被逐步扩建，并于16世纪经历了一场翻天覆地的变化。弗朗索瓦一世（1515—1547年在位）下令拆除塔楼，将城堡推倒重建。同时他也兴起了王室收藏之风，收藏的物品主要是为他所钟爱的意大利文艺复兴大师的杰作。这些藏品被保存于枫丹白露宫内，直至17世纪中叶。

与此同时，卢浮宫的扩建和装饰工程也在持续地进行。1594

年，亨利四世（1589—1610 年在位）决定修建连接卢浮宫与卡特琳娜·德·美第奇在巴黎城墙外修建的杜伊勒里宫的“大长廊”，构筑一个宏伟壮阔的整体化宫殿建筑群。17 世纪，路易十三及路易十四在位期间，建筑师勒梅西埃和勒沃先后建造了方形中庭的北翼和南翼，将这座文艺复兴风格的庭院扩展至先前的 4 倍大小；克洛德·佩罗率领一支建筑师团队，修建了作为卢浮宫东立面的柱廊，在建筑风格的选取上与南立面遥相呼应。

1674 年，卢浮宫的扩建工作被下令中止。4 年后，路易十四（1643—1715 年在位）将宫廷迁往了凡尔赛宫。尽管如此，这位“太阳王”承袭了弗朗索瓦一世的传统，不惜斥巨资充实王室的收藏。他收藏的艺术名作主要来源于两次大手笔的采购：一次是买下了红衣主教马萨林的画廊中的大部分藏品，另一次是收购了银行家雅巴赫的全部个人收藏。路易十四的藏画最初被集中存放于卢浮宫和毗邻的格拉蒙酒店，这里布置得就像是一座真正的博物馆，后来渐渐分散至多座皇家宫殿。路易十五（1715—1774 年在位）即位后，巴黎成了欧洲艺术品市场的中心之一，他仅仅通过购买卡里尼亚诺亲王去世时（1742 年）留下的收藏品就为王室收藏增加了几十幅外国绘画，其中大部分出自佛兰德斯和荷兰的画家之笔。正是在这个时期，构建一座集中存放王室藏品并向公众开放展览的“缪斯神殿”的构

《波斯弓箭手卫队》（局部）

想诞生了。

从1725至1848年，卢浮宫的方形沙龙被用于举办皇家绘画与雕塑学院的艺术展，史称“沙龙展”。1750年，一批精选的王室藏画在卢森堡宫一间套房中对外展览，每周展出两个半天，同时开放的还有美第奇画廊，里面陈列着由鲁本斯创作的系列油画作品。这项展览活动直至1779年才落下帷幕，它具有博物馆的雏形，是先于卢浮宫的最早的探索。随着公众对艺术藏品展的需求日渐强烈，博物馆在文明社会中的作用越来越朝着现代博物馆的方向发展。在百科全书派兴起的18世纪，人们设想着将那个时代中享有盛誉的各个画派的代表作汇集于一处，包括外国的绘画名作——这主要指的是17世纪佛兰德斯和荷兰画家的作品。

在大画廊中兴办博物馆的计划，到了路易十六（1774—1792年在位）时期始见成形。1784年，时任王室收藏主管的画家休伯特·罗伯特奉命对大画廊进行改造。大革命爆发后，“皇家的”画廊变成了“国家的”画廊。在查抄收藏于教会、修道院、流亡者的住所、皇家绘画与雕塑学院的艺术品的同时，一个由艺术家组成的委员会负责筹备中央艺术博物院的成立。1793年夏，根据国民公会的法令，博

希罗尼穆斯·博斯，《愚者之船》（局部），约1490—1500年

安德烈亚·曼泰尼亚，《胜利的圣母》（局部），1496年

物馆正式建立，海量的艺术藏品被分放于卢浮宫和其他多座宫殿内。然而这仅仅是一个开始，无论是共和国还是帝国期间，法兰西的胜利之师不断将欧洲各国的宫殿、教堂和修道院内最负盛名的艺术藏品掠夺回法国。1798 年 7 月，大批艺术名作从意大利运抵巴黎，其数目之巨，使博物馆不得不经历了一次改造，于 1800 年重新开放。

在维旺·德农担任馆长的短短十几年中，博物馆一度易名为拿破仑博物馆（1803—1815 年）。德农有意使这座博物馆成为帝国统治下的欧洲民众的圣地，向他们展示革命带来的精神上和知识上的进步。精美绝伦的战利品——包括意大利文艺复兴时期及 16 世纪的艺术品、17 世纪的佛兰德斯绘画及荷兰绘画、德国文艺复兴时期的绘画以及在当时已经被遗忘的文艺复兴以前的意大利和佛兰德斯艺术家的作品，摆满了博物馆的每一个角落。为庆祝帝国的胜利，拿破仑委托建筑师佩西耶和方丹建造了宏伟的卡鲁塞尔凯旋门（这两位建筑师还被委托修筑了沿里沃利街而建的卢浮宫北翼），作为杜伊勒里宫的入口。

波旁王朝复辟后，大部分掠夺来的艺术品回归它们先前所在的城市，各国特使前来取回的艺术品共约五千多件，令卢浮宫顿时黯

尼古拉斯·普桑，《诗人的灵感》（局部），约1630年

然失色。但拿破仑博物馆的废止并未对卢浮宫造成致命的打击。路易十八保留了相当数量的从逃亡者住所和教堂征收的艺术品，而博物馆则被看作一所庞大的国立机构。藏品的购买直接从王室的年俸——每年支付给国王的费用中支出，采购方针则重点鲜明：文艺复兴时期及当代的雕塑（1824 年）、让 - 弗朗索瓦 · 商博良收藏的古埃及艺术品（1826 年）、路易·菲利普一世的西班牙收藏和保罗·埃米尔 · 博塔发掘出的亚述文物（1847 年）。与此同时，新的展览模式得到了探索和实施，1827 年的查理十世博物馆便为我们提供了例证。它的天花板由大幅的画作装饰而成，与陈列在展厅内的古埃及文物和古代艺术作品相映成趣。

扩充卢浮宫馆藏的工作在第二共和国和第二帝国时期持续进行，新增添的藏品带来了伊特鲁利亚、古希腊和古代东方国家的艺术品。

泰奥多尔·席里柯，《梅杜萨之筏》（局部），1819年

在早夭的第二共和国时期（1848—1851 年），卢浮宫曾被设计成一座为科学与艺术服务的内含博物馆、国家图书馆和一些展览馆的“人民的宫殿”。而第二帝国时期（1852—1870 年）是卢浮宫改建和融入城市环境过程中最重要的一个时期：奥斯曼男爵拆除了紧挨着杜伊勒里宫（这座宫殿后来被纵火焚毁，其废墟于 1883 年被拆除）的老城区，使得从卡鲁塞尔凯旋门到雄狮凯旋门的风光一览无余。“新卢浮宫”于 1857 年建成，包含了两座对称的宫殿，它们隔着拿破仑庭院相望，在北侧通过合围成四边形的宫殿建筑群相连通。

新建的翼部建筑围成了宽阔的庭院，使得宽敞的展厅可以从天顶上采光。在这座庞大的建筑群中，开辟了专门用于陈列绘画的巨型展厅，并为之购入了一些重要的作品。为了填补收藏中的空白，卢浮宫与其他著名博物馆及欧美私人收藏家同场竞拍，以保证其馆藏能紧随当时已成为一门实实在在学科的艺术史的发展脚步，开启一个又一个新的篇章。1863 年，卢浮宫购买了坎帕纳家族的一部分收藏，引进了百余幅 14 世纪和 15 世纪的意大利镶板画；1869 年，路易·拉卡泽的遗赠对馆内 17 世纪及 18 世纪的法国绘画收藏，尤其是后者，做出了极为重要的贡献。其他的捐赠则为卢浮宫补充了刚被重新发现的画派或一直备受赞誉的画派的作品：西班牙绘画、英国绘画和 18 世纪的意大利绘画。

第三共和国（1870—1944年）成立后，卢浮宫的模糊定位得到了明确。它摆脱了对王室年俸的依赖，成为一座真正的国立博物馆。1895年，国家博物馆联合会诞生，负责为馆藏采购提供经费支持；1897年，私人资助团体“卢浮宫友人会”成立。这两所机构在卢浮宫藏品的管理和扩充方面都发挥了不可或缺的作用。

19世纪里，法国的博物馆管理者和观众在欣赏当代艺术时，几乎是排他性地把注意力投向了本国绘画的代表人物，包括主流画派和先锋派画家，而对外国艺术家及外国画派视若无睹。这一趋势直到19世纪末才发生了改变，欧洲各国和美国的绘画作品被购至法国，如今陈列在巴黎奥赛美术馆中。20世纪期间，卢浮宫的藏品数量及其涵盖的领域不断扩大，这一方面源于博物馆的多次采购，另一方面归功于大量的遗赠和捐赠，而1972年颁布的法令允许通过上交艺术品的方式缴纳遗产税，进一步鼓励着艺术品捐赠的行为。在此期间，博物馆的建筑设施和展览空间也得到了翻新、扩展。

20世纪70年代，游客人数和展品数量的持续增长，导致将1848年以后的艺术品转移至巴黎奥赛美术馆的紧迫性日益凸显。巴黎奥赛美术馆坐落于塞纳河的对岸，1986年正式开放。

但卢浮宫自身也需要经历一次彻底的改造，以构建先进的展馆结构，方便尽可能多的游客参观游览。

对展厅的全面改造工程始于第二次世界大战前夕，战后重新开始，并随着1984年“大卢浮宫”计划的启动而达到了高潮。

这项计划于新千年中完工，对占地40公顷的整片区域进行了重新划分，划拨出了约6万平方米的展览空间。用于技术服务、学术工作和行政管理工作的面积增至原先的5倍，而用于接待游客和向其提供服务的区域更是扩大了13倍。玻璃金字塔是这次重修的象征，它于1989年落成，矗立在拿破仑庭院的中央。

玻璃金字塔由建筑师贝聿铭设计建造，是博物馆的主入口。游客经玻璃金字塔进入博物馆的地下一层，再由那里前往存放展品的三个展馆：北部的黎塞留馆、环绕着方形中庭的叙利馆和沿着塞纳河的德农馆。

巴黎卢浮宫

主要馆藏

契马布耶

《圣母子与天使》，约1280年

木板蛋彩画
427 cm × 280 cm
1814年收藏

这幅庄严的祭坛屏风画，是卢浮宫现存的13世纪西方绘画中最重要的藏品之一，与乔托的木板蛋彩画《圣方济各接受圣痕》一同来自比萨的圣方济各教堂。它们于1811年被拿破仑带回法国，后被博物馆买下，成为卢浮宫的文艺复兴以前意大利绘画收藏的基础。这幅画还是契马布耶为数不多的绘画作品中最重要的一幅，为这位来自佛罗伦萨的大师所诠释的艺术创新提供了生动形象的证明。他在重拾拜占庭文化古典样式的过程中，成功地表现了更为坚实的体积感和对一种更具存在感、更为人性化的现实的强烈追求。在无边的、神圣的金色背景之上，侧斜放置的木制宝座显得巨大而真实，为画面增添了深度。台阶和座椅所在的各个平面，与依次对称排列的三对天使，再次强调了这种纵深感。天使身着轻盈的锦衣华服，钩形的双手紧紧握住装饰精美的座椅立柱，脸上带着与圣母相同的表情，流露出平静而愉快的情感。圣母披裹着一件泛起镰刀形褶痕的长外袍，脸上充满了生气，仿佛悬空于宝座之上。精心设计的色彩搭配和色调，在明与暗、模糊与透明之间巧妙而自然地转换，使整幅画面显得更加雅致和平衡。

乔托

《圣方济各接受圣痕》，约1300年

这件作品是在一整块木板上绘制而成的，画框下缘署有“佛罗伦萨人乔托之作”字样的签名。主画面描绘的是圣方济各在维纳山上迎接耶稣基督现身的情景，基督以六翼天使的形象出现，为圣方济各的双手、双脚和右肋印上耶稣被钉于十字架上时所遭受的五伤。位于底部的三幅较小的画，则分别讲述了“教皇英诺森三世之梦境”“教皇批准成立方济各会”“圣方济各向鸟儿传教”的故事。这件作品对方济各会士来说意义非凡，因为它能够向不识字的人传播圣方济各的信仰。圣方济各的一生充满了许多可以用生动的画面来述说的事迹，因而有许多以他为题材的绘画作品流传至今。乔托为13世纪的艺术带来了决定性转折，使艺术语言发生了根本性变化，其创新不仅体现在他创作的题材广泛、内容重要的壁画作品中，也体现在这幅尺寸相对较小的木板画上。画中的人物置身于一个紧凑而立体的空间内，显得真实而形象，具有强烈的立体之感。

木板蛋彩画
313 cm × 163 cm
1814年收藏

主画面加上底部三幅画，这四个画面与乔托年轻时为阿西西的圣方济各教堂上院绘制的湿壁画非常相似，仅仅存在少量变动，也进一步证明了该作品为乔托所作。

左下角画面表现的是教皇做了一个有预兆的梦，梦见方济各支撑着快要倒塌的拉特兰圣约翰大教堂，而这座教堂是天主教会的象征。教皇醒来后，便做出决定——和阿西西的那组壁画一样，接下来的故事被描绘在紧挨着的下一个画面中——批准方济各会成立，指派方济各会修士传播福音书的信仰。

每个画面都是依照圣文德所著《圣方济各传记》中的记述而绘制的。该作品成书于1260至1263年间，距圣方济各去世才过了三十几年。小画面中的第三幅，即《圣方济各向鸟儿传教》，是圣方济各题材的绘画作品中最著名的一幅。

让·马鲁埃尔

《圣殇圆形画》，约1400年

木板蛋彩画
直径65cm
1864年购买收藏

这幅应勃艮第公爵“勇敢者”菲利普的委托而作的《哀悼死去的基督》，又被称作《圣殇圆形画》，是供职于勃艮第宫廷（此前曾在巴黎担任宫廷画师）的法籍佛兰德斯艺术家让·马鲁埃尔的杰作，可以说代表了刚刚进入15世纪的欧洲绘画的最高成就。在当时，第戎的卡特尔会－尚莫尔修道院在艺术文化领域享有绝对的中心地位，孕育了一种温和的现实主义风格。这种风格表现为强烈的情感和源自锡耶纳画派（通过阿维尼翁传入）的优美线条，是勃艮第为北方绘画做出的极为重要的贡献。在光彩夺目的金色背景映衬下，细腻的线条、清新的色彩与艺术家追求的悲怆情境实现了统一。圣父、圣子和象征圣灵的小巧的鸽子构成神圣的三位一体，显现于金字塔形构图的顶点。面对耶稣软弱无力的尸体，圣母玛利亚和圣约翰流露出悲痛的神情，而这种悲痛感在画面左侧的一群小天使身上得到了进一步提升。与之形成鲜明对比的是圣父的面容，悲伤而又庄严，他提醒我们：基督马上就会复活。圆形的绘画作品很可能是马鲁埃尔的发明，它消除了画面中可能存在的僵硬感，从而使结构紧凑，线条流畅的圣父、圣子和圣灵的形象在悲痛的天使和绚丽灵光的烘托下，呈现出三位一体应有的庄严崇高之感。

亨利·贝勒肖兹

木板画，被复制在画布上，162 cm×211 cm

《圣德尼祭坛画》，1416年

1863年收藏

弗雷德里克·莱塞捐赠

1415年，来自布拉班特的画家及插画师亨利·贝勒肖兹接替过世的让·马鲁埃尔，成为勃艮第公爵的宫廷画师。这幅祭坛画在次年完成，是现存的唯一一件能在文献资料中找到记载的贝勒肖兹的作品。画作的主题和人物形象，与作品的指定展示地点，从初创之日起便被誉为“三位一体圣所”的卡特尔会一尚莫尔修道院，形成了完美的契合。钉在十字架上的耶稣占据了画面的中心位置，被圣父和象征圣灵的鸽子推到观众面前。两侧的画面取材于圣德尼的生平事迹，描绘了他最后一次领受圣餐和殉难的情景。画作延续了让·马鲁埃尔的风格，但浓烈的色彩、果断而鲜明的空间划分和生动新颖的叙事手法却是属于贝勒肖兹的原创和成就，这在突出的建筑物和造型多样的漂亮帽子上，以及对人物形象尤其是殉难的圣德尼和刽子手的面部表情的精心刻画上表现得尤为明显。尽管背景和服饰一如既往地采用了大量的金色，但在贝勒肖兹笔下，画中人物富有质感的身躯、刽子手结实的肌肉和围观者紧绷的神情使作品趋近于一种更为逼真的写实主义的表现模式，预示了法国绘画未来的发展方向。

圣德尼是首位巴黎主教，同时也是法国的主保圣人，在中世纪时被人们与亚略巴古的狄奥尼修斯视为同一个人——后者是圣保罗的门徒和研究天使的理论家。从这儿可以看到绘于画面最上方的天使的品级。

作品的构图布局，是围绕耶稣受难的画面展开的。图案与色彩在遵循严格的单元划分（虽然有的线条和图案还是超出了其所在的单元）的同时，相互间又形成了连续，这种画风在很大程度上受锡耶纳画派的影响，并将会成为法国绘画的代表性风格。金色、光芒和满目的奢华表现出的矫饰感将作品带入了一种奇迹般的崇高境界。

描绘圣德尼生平事迹的画面采用了类似于连环画的叙述方式，使同一个人物重复出现在同一幅作品的不同场景中。与之相对的是中间那幅自成一体的神圣的画面。左侧画面表现的是“圣德尼的神秘圣餐”，即狱中的圣德尼从耶稣的手中接过圣餐的情景。右侧画面描绘的是圣德尼与圣鲁斯蒂科、圣义禄一同被斩首的情景。据《金色传说》记载，三位殉难者因拒绝放弃基督信仰而被斩首时，正好面对着一尊墨丘利的雕像，使其“见证了三位一体”。

罗吉尔·凡·德尔·维登

《圣母领报》，约1432—1435年

木板油画
86 cm × 93 cm
1799年收藏

视线从画面上方进入房间内部，被精心布置的家具和陈设引向屋子尽头的那扇窗户，透过它望向遥在天边的风景。

这幅三联画中板被认为是伟大的佛兰德斯画家罗吉尔·凡·德尔·维登年轻时的作品，其两侧的画板现为都灵美术馆所收藏。画面以解析式的笔调描绘，在紧凑而复杂的建筑空间中展开。建筑物起到了画框的效果，在那之中，美丽的天使和圣母的形象被放置在相对独立的位置。她们身披华贵的外衣，神情专注，散发出仍具有哥特式风格的清新优雅的气质。画面设定在家庭生活的环境中，使艺术家可以借助各种物品表达象征意义。光线从最右边的那扇窗户照进来——此处借鉴了艾克兄弟的画风——柔和地抚过墙壁和帷幔，刹那间照亮了屋子，使屋内的细节和精雕细刻的陈设清晰显现。如壁炉前那张长椅上装饰的小狮子雕像，象征那是所罗门王的宝座，因为在中世纪人们把圣母玛利亚比作所罗门王；水壶和脸盆则象征圣母的纯洁。不过，具有宗教和象征意义的大量隐喻，并不妨碍观画者回到充满人情味和日常生活气息的现实中来。这种现实感超越了宗教教理和作品主题的束缚，体现了始终贯穿于凡·德尔·维登作品中的对宗教信仰的虔诚情感。

木板油画
66 cm × 62 cm
1800年收藏

扬·凡·艾克

《圣母与掌玺大臣罗兰》，约1434年

整幅画面闪耀着漫漫的光芒。城市和大山谷可能位于公国中的任何一个地方，而掌玺大臣是这个公国真正的主宰者。观众的视线与画家的技艺聚焦于最微小的细节，以及画中景色所呈现的那种真实的美。这种美具体而又自然，平凡而又神圣。

《圣母与掌玺大臣罗兰》体现了扬·凡·艾克卓著的艺术才华，他以掌握一切细节的解析式手法描绘出的诗意风景及其完美画技起到的点石成金的效果，对佛兰德斯画派乃至整个15世纪欧洲绘画的发展起到了决定性影响。这幅画是受勃艮第公国位高权重的掌玺大臣尼古拉斯·罗兰的委托而创作的，用以纪念1430年在奥坦圣母大教堂内新建的罗兰家族礼拜堂的落成。在圣母长袍的下缘，用金线绣着掌玺大臣参加弥撒时念诵的晨祷祷词（部分已模糊不清）。此时天刚破晓，背景中的城市浸润在淡淡的玫瑰色晨光之中。另一道光从右侧照射过来，这是作画时考虑到画作在祈祷堂中的摆放位置，营造出的被一扇窗子照亮的效果。和扬·凡·艾克的其他作品一样，这幅画与他所处的环境实现了统一。画面的连贯性并未因画家对细节的关注而受到破坏，它作为将内景与露天的外景相结合的理想范式，为佛兰德斯的其他艺术家提供了灵感。

昂盖朗·卡尔东

《阿维尼翁新城圣殇》，约1455年

木板油画
163cm×219cm
1905年收藏，卢浮宫友人会捐赠

这幅“圣殇”题材的出色作品曾长期是一个谜一般的存在。人们只知道它来自成名于19世纪初的阿维尼翁新城堂区教堂，但始终猜不透它出自哪位画家之手。其作者的身份，是根据该画与《慈悲圣母》（尚蒂伊孔戴博物馆，1452年）、《圣母加冕》（卡尔特会－阿维尼翁新城修道院，1453年）这两幅作品的风格比较而确定的。昂盖朗·卡尔东，1410年前后出生于拉昂，后定居阿维尼翁，是15世纪中期最具影响力的普罗旺斯画派的大师。他的作品兼收并蓄了北欧与南欧（普罗旺斯和意大利）的画风：前者表现为强烈的现实主义特征，如耶稣那遭受过鞭笞的身体和左侧的祈祷者的形象；后者则诠释了明亮的色调、人物形象的立体感和他们对悲痛的克制。同样重要的还有最具代表性的法国元素，这种风格从雕塑中汲取灵感，以精简的构图展现宏大的画面。“哀悼基督”的主题采用了近乎世俗的表现形式，如果把圣母看作一位哀伤的贵妇人，那么躺在她怀中的耶稣就像是一位死去的骑士。圣约翰一手托住耶稣的头部，另一只手轻触耶稣的光轮散射出的轮辐状光芒，仿佛在弹拨一件弦乐器，令人联想到了常见于隆格多克的游吟诗人形象。无比朴素的画面在哀恸之情的渲染下显得宏伟壮观，再没有哪种对痛苦的表达能够比得上这具垂下的、伸直了四肢、好像正处于睡梦中的尸体呈现的悲剧景象。

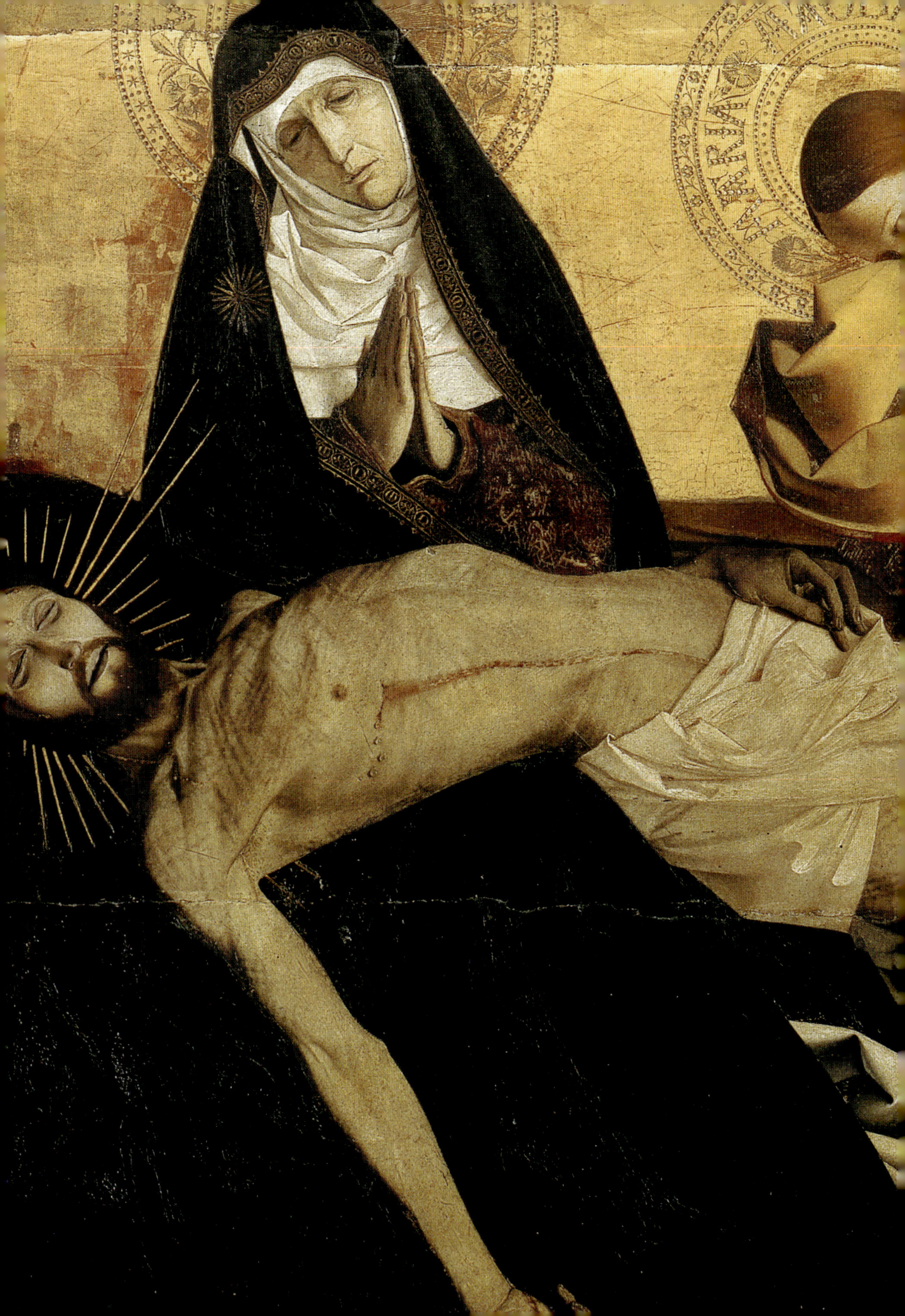
MARIA

让·富凯

《查理七世肖像》，约1450年

木板蛋彩画

86 cm × 71 cm

1838年收藏

这幅肖像画，无论是对法国历史还是对艺术史而言都是一幅令人难忘的作品，由15世纪中期最著名的法国画家让·富凯所作。作为首位来自意大利以外的文艺复兴画家，让·富凯吸收借鉴了意大利画派和佛兰德斯画派这两个当时的主流画派的艺术风格，并高明地将其运用于自己的作品之中。原本所配画框上题有一行对画中人物的说明，称之为“所向披靡的法兰西国王”，由此可以看出这幅画可能绘制于1450年前后。因为正是在该时期，也即英法百年战争的最后阶段，凭借圣女贞德的支持而于1429年加冕为国王的查理七世在与英军的战斗中取得了节节胜利。按照宫廷肖像画的惯例，画面被设定为一扇窗景，窗帘被拉向两边，使国王在窗口现身。但无论是这种传统的构图方式，还是画框上带有庆祝色彩的铭文，都丝毫不影响富凯以高度客观的态度极为罕见地描绘出国王的真实容貌，包括下垂的面部肌肉、向下倾斜的过长的鼻子、脸颊及下巴上细软的白须。画像上的查理七世给人以威严而立体的感觉：微微侧过的上身和头部在纵向上拓展了画面空间，远宽于时尚标准的夸张的肩膀和深及腰部的取景增大了人物形象的比例。最为新颖的是作品采用了严密的构图形式，它将作为画面主体的国王形象框定于窗帘、倒三角形的上身和瘦小的头部构成的结构紧凑的菱形之中，赋予其王者的气质。

德勒·比代师傅

《巴黎议会的耶稣受难》，约1452年

木板油画
146 cm × 227 cm
1904年以后永久收藏
法国大革命时期没收所得

这幅仍保留着原配木雕画框的装饰屏风画是巴黎议会订购的作品，完成于1452年前后。从那时起，它一直被陈列于巴黎议会的金色大厅内，直至大革命爆发。作品的创作环境和绘画主题都与法国历史有着密不可分的联系。在它诞生的那个年代，随着旷日持久的百年战争以法国的胜利而告终，巴黎城再次焕发了生机。这座城市于1436年由查理七世光复，然而严重的经济危机和紧随其后的一场瘟疫使这里长期陷入瘫痪，直至15世纪中期，随着大批名家画师的到来，城内的艺术活动才得以重新开展起来。这些艺术家大部分来自北方，其中就包括这幅《巴黎议会的耶稣受难》的作者德勒·比代师傅，一位深受罗吉尔·凡·德尔·维登风格影响的佛兰德斯画家。细腻的手法，对细节的重视，含蓄的人物姿态，造型感极强的衣褶，彰显了新佛兰德斯艺术的风格倾向。画面左侧，在圣路易和施洗约翰之间的背景中描绘了具有强烈现实主义风格的卢浮宫及周围的风景，向世人展现了这座宫殿15世纪中期的面貌。

耶稣受难像的两侧分列着法兰西王国的守护圣者，圣路易位于最左侧，圣德尼和查理大帝位于右侧。

木板蛋彩画
182 cm×317 cm
1863年收藏
购买自坎帕纳家族的收藏

保罗·乌切洛

《圣罗马诺之战》，约1455年

画作表面因时间的流逝而发生了变化，胸甲上最初使用银箔摹拟出光彩熠熠的金属质感，但时至今日已变得黯淡了许多。

《圣罗马诺之战》是以1432年佛罗伦萨军队击败锡耶纳军队的战斗事件为主题的巨幅木板蛋彩画。该题材的作品共有三幅，卢浮宫这幅描绘的是来自科蒂尼奥拉的米凯莱·阿滕多罗在战场中与佛罗伦萨人并肩发起反攻的决定性时刻，另外两幅战斗画面则分别被伦敦国家美术馆和佛罗伦萨乌菲齐画廊收藏。

这三幅尺寸巨大的木板画最初陈列于佛罗伦萨的美第奇宫，是15世纪中期美第奇家族委托保罗·乌切洛绘制的作品。乌切洛堪称早期文艺复兴时期最为与众不同的意大利画家，他一方面沿袭了后期哥特式艺术风格中矫饰主义的表现形式和优美的线条，另一方面又痴迷地追求对透视原理的运用，从多个角度入手，夸张地描绘出透视缩短的几何化人物形象，并将其动作定格在同一个瞬间，从而营造了一种以斑斓色彩拼接而成的奇幻效果，使参战的每一个人物形象都突显于背景之上。乌切洛创作的战斗画面，看上去更像是一场精彩的马上比武，列于阵前的无名勇士们被包裹在闪闪发光的盔甲之中，令人分不清孰胜孰负。

安托内罗·达·梅西纳

《被绑在柱上的耶稣》，1475—1479年

木板油画
29.8 cm × 21 cm
1992年购买收藏

购买下这幅小尺寸的木板画后，卢浮宫著名的意大利绘画收藏中，便新添了一幅由才华横溢的西西里画家安托内罗·达·梅西纳在其晚年创作的格外引人入胜的杰作。安托内罗是一位不断探索创新的天才绘画大师，在整个文艺复兴绘画史上具有不可或缺的重要地位。画中的耶稣头戴荆棘冠冕，背靠在苦刑柱上，双眼望向天空，传递出与画面的小尺寸完全不相称的宏伟庄严之感。作品的主题取材于《约翰福音》十九章五节中罗马驻犹太总督皮拉多所说的那句话：“Ecce Homo!（瞧！这个人）”而他嘲弄的这个人，就是遭受鞭刑后又被戴上荆棘冠冕、绑在苦刑柱上示众的耶稣。安托内罗和他的学徒们就这个题材创作了许多不同的版本。在这幅画中，他结合福音书里的多个故事情节，塑造了一个高度虔诚的人物形象，并通过对基督面部的特写和其头部后仰而产生的自下而上的目光，极大地提升了作品震撼人心的表现力。基督脸上的泪水和血滴、绳索投下的阴影及紧贴着画框下缘凸起的极具立体感的绳结，体现了艺术家对画面细节近乎于高度写实主义的描绘，超越了佛兰德斯风格的精细程度。

列奥纳多·达·芬奇

《岩间圣母》，1483—1486年

达·芬奇是一位通晓艺术与科学的全才，他先后辗转于佛罗伦萨、米兰、罗马等城市，最后在法国国王弗朗索瓦一世的宫廷内度过了自己职业生涯的最后阶段。定居米兰期间，他曾创作过两幅祭坛画《岩间圣母》，第一幅就是卢浮宫的这幅，第二幅现藏于伦敦国家美术馆。在这幅表现“圣母无染原罪”主题的名作中，达·芬奇描绘了置身于岩石嶙峋的山谷中的圣母、圣婴、小施洗约翰、大天使乌列尔的群像。圣母的容貌隐含着象征意义，是达·芬奇根据《旧约圣经·诗歌智慧书》第五卷《雅歌》中对少女的描写而刻画的，该形象常见于圣母题材的绘画作品，深受主张“圣母无染原罪”学说的教会人士的喜爱。主要光源与次要光源的巧妙设计最能体现达·芬奇在表现形式和画面结构上的创新，投射向画中人物的光芒在手势与目光的引导下，照亮了由各异的姿态与情感交织而成的富于动态感的群像。在以暗色为基调的画面中，幽暗的背景清晰衬托出散发着耀眼光彩的人物形象，使每一个人物都呈现出立体而神圣的奇特效果。

木板油画
199 cm × 122 cm
1625年,路易十三收藏于枫丹白露宫
后被卢浮宫收藏

圣母是这个金字塔形群像中最重要的人物，她左手伸出，悬于圣婴的头上，右手环抱住跪着的小施洗约翰，清晰地体现了她扮演的保护者角色。天使左手扶住坐在水塘边的小耶稣，转过头望向画作之外，将观众引入画中。

据一个民间传说所述，在希律王为除去新生圣婴而屠杀两岁以下婴孩的劫难中双双幸免的耶稣和施洗约翰，于逃亡埃及的途中相会。两人见面后，早已在天使乌列尔的庇护下过着隐居生活的小施洗约翰向婴孩耶稣行礼致敬，并接受后者的祝福。

画面中蕴含着宗教预言的意义，近景中的水塘象征耶稣的洗礼，鸢尾花的剑形花瓣是刺伤圣母内心的痛苦之刃的预兆，象征耶稣的受难，而棕榈叶则象征耶稣的复活。

多梅尼克·吉兰达约

《老人和他的孙子》，约1488年

木板油画
63 cm × 46 cm
1866年购买收藏

多梅尼克·吉兰达约善于博采众长，在创作叙事作品领域有很高的造诣。他为佛罗伦萨许多重要的教堂绘制过画作，常常将佛罗伦萨名流贵族的肖像融入那些述说宗教故事的画面之中。他的作品，对世俗生活的体现和正统的审美情趣兼而有之，着眼于被画像者的个人生活情景，将其定格在一个值得回味和记述的瞬间。在这幅尺寸较小的肖像画中，他以娴熟的笔法细致入微地描绘了人物的细节特征，着力表现爷爷与孙子目光相交汇的温情场面，并尤为精准地刻画了老人鼻子上的肉瘤，使之与孩童俊俏无瑕的脸蛋构成了强烈反差。画中的老人可能是弗朗西斯科·萨塞蒂，他曾委托过吉兰达约为佛罗伦萨圣三一教堂的萨塞蒂礼拜堂绘制装饰壁画。艺术家在刻画这个人物时，并不打算突出强调他的社会地位，而是将他画成了一个精力依旧充沛的老人，捕捉到他在与小孙子的亲密接触中重新焕发活力的形象。老人的外衣与孙子的背心、帽子在色彩上相呼应，在黑灰相间的背景衬托下显得分外鲜艳夺目，似乎是从外在服饰上重申了这个家族的最年长者与最年幼者之间的血脉相承。

希罗尼穆斯·博斯

《愚者之船》，约1490—1500年

木板油画
58 cm × 33 cm
1918年收藏
（捐赠品）

希罗尼穆斯·博斯丰富的想象力和自由的创造力达到了荷兰传统艺术前所未有的高度，他表达的嘲讽式幽默和对美与丑的爱憎分明在他那个时代的艺术史中同样无人能及。他的与众不同的作品中充斥着大量嗤笑的人物形象，隐藏着许多令人费解的谜，其主要目的是对人类的道德失范进行猛烈抨击。在他的笔下，人类没能经受住世俗享乐的诱惑，屈从于各种违背伦理道德的行为，并相应地受到了不同形式的惩罚。画中的小船造型奇特，上面搭载着一群欢快地沉溺于美食和色欲的“愚者”，其中包括两名修女和一名修士。无人掌舵的小船载满了人类的堕落与贪婪。船的主桅是一棵挂着美食的“夺彩树”，船舷边有几个泳者正想要上船。《愚者之船》这幅画，很可能是从阿尔萨斯的人文主义者塞巴斯蒂安·布兰特的同名书籍中汲取了灵感。该书于 1494 年出版，获得了极大的成功。

背景中的大海，涂抹着一层淡淡的金色光芒，令人回想起了那个未曾被迷失心智的人类的疯狂行径搅得不宁的无限美好的世界。

木板蛋彩画
39cm×29cm
1883年开始收藏
被当作拉斐尔的作品购买

皮埃特罗·佩鲁吉诺

《阿波罗与玛西阿》，约1495年

按照传统的理解，这幅小型木板蛋彩画展现的是天神阿波罗与森林之神玛西阿赛乐的神话情节，天空中猎鹰捉住一只逃跑的鸭子的画面被看作是画家对竞赛结果的暗示。不过，由于这幅画是专门为注重文化和教养的美第奇家族创作的，因此对作品的一种最新解读认为，画中那个坐着的人物应是“华丽者”罗伦佐的代表形象——牧羊人达夫尼。“达夫尼”在希腊语中意指月桂树，与“罗伦佐”这个名字恰好源于同一个含义。因此，这幅画很可能象征着身为佛罗伦萨城领主的罗伦佐·德·美第奇对爱情诗和美好事物的热爱，因为掌管文艺的天神阿波罗正是这二者的化身。无论画作想表达的究竟是何种寓意，其私人而非官方的装饰用途使佩鲁吉诺得以自由地描绘宁静的田园牧歌式风景，并使人物形象与风景融合为一个不可分割的整体。在柔美亲切的自然的映衬之下，画中两位人物的身体显得协调而匀称，摆出的造型散发着古典艺术的高贵气质。

阿波罗和玛西阿–达夫尼的形象均受到古典雕塑的启发，前者取型于古希腊雕塑家普拉克西特列斯创作的赫尔墨斯像，后者则是从古希腊雕塑家留西波斯的一尊坐像中获取了灵感。

阿尔布雷希特·丢勒

《丢勒自画像》，1493年

羊皮纸油画，复制至画布

57 cm × 45 cm

1922年收藏

这幅肖像画是收藏在法国的唯一一幅丢勒的作品，也是这位伟大的德国画家绘制的众多自画像中的第一幅，完成于艺术家返回故乡纽伦堡以前，在从巴塞尔赶赴斯特拉斯堡的旅途中。画上的丢勒年仅 22 岁，他表情严肃，手持一束刺蓟花。这种植物被认为是对男性的忠贞和对爱情成功的暗示，但同时也是耶稣受难的象征。画像的顶部写有两行题字，大意为“我所遇到的一切都是上天的安排”，从而印证了对刺蓟花的上述两种理解。因为离家在外的丢勒此前收到了家人来信，得知自己已与阿涅丝·弗雷订婚，而这位将在一年后与他结为连理的女子很可能就是这幅画像的收件人。喜庆的创作目的和作为爱情信物的用途或许解释了画面的细腻、感性和矫饰，而感染力的缺失使这幅作品与丢勒后来创作的那些更为朴实和富于表现力的自画像相比存在着显著的差异。画像的双手形似亟待绽放的花朵，好像正要缓缓地张开，是画面中最晦涩难懂而又最为迷人的细节，体现了作品高度的创新性。流畅的笔触和斑斓的色彩赋予了画中人物敏感和柔和的特征，但却丝毫不影响其严谨的构图设计。在深黑色的背景中，丢勒的形象被清晰地勾勒，流露出自信的气质和对自我身份——作为男性与作为画家的认同。

安德烈亚·曼泰尼亚

《帕那索斯山》，1495—1497年

布蛋彩画
160 cm × 192 cm
1801年收藏
来自于红衣主教黎塞留的收藏

14 世纪 90 年代，曼托瓦侯爵伊莎贝拉·埃斯泰向年事已高但依然活跃于画坛的艺术大师安德烈亚·曼泰尼亚订购了两幅画作，用以装饰她个人的小书房。这位女侯爵亲自选定了画面应表现的内容与主题，包括透过优雅的人物形象表达丰富的象征意义、寓意和混合而成的故事情节，并且除曼泰尼亚外，还委托罗伦佐·科斯塔和佩鲁吉诺再分别绘制一幅作品。这四幅画如今被卢浮宫悉数收藏。《帕那索斯山》，又名《欢愉中的马尔斯与维纳斯、维纳斯的丈夫伏尔甘、弹奏七弦竖琴的俄耳甫斯及九位舞蹈的仙女》，是这组作品中最先完成的画作。可以想象得到，当它被挂在书房中后，伊莎贝拉以欣赏的目光望着画面中衔接流畅的人物形象和他们舒展、会聚、相似和呼应的肢体动作，以及飘舞的褶裙、长矛、手杖、山石和枝叶，满意之情溢于言表。画面左侧一对谜样的图案被认为隐含着神话的色彩，传说缪斯女神的歌声引发了火山喷发，也就是左侧山峰顶部的崩塌。不过，墨丘利的坐骑——长有双翼的飞马珀伽索斯能够通过踩踏地面制止这场灾难。

安德烈亚·曼泰尼亚

《胜利的圣母》，1496年

安德烈亚·曼泰尼亚艺术生涯中的大部分时间，是在曼托瓦领主的宫廷中度过的。这位出生于帕多瓦的绘画大师，1461年移居曼托瓦，在这座城市人文主义气息浓厚的上层文化圈内找到了发挥其艺术才华的理想环境。他的作品具有清晰明亮的画风，并且对古代文化多有涉及。这幅作品的诞生，源于曼托瓦侯爵弗朗西斯科·贡扎加于1495年率领反法同盟军在帕尔马附近的福尔诺沃取得的对法军的胜利，它因此作为祭坛画被献给曼托瓦的胜利圣母礼拜堂，以作为还愿之用。在画面的左侧，从圣母斗篷后面探出脑袋的是圣安德烈，他是曼托瓦的主保圣人。除他以外，其他三位为侯爵祈福的圣人，都以英勇善战著称，其中两人——持剑的天使长米迦勒和持断裂长矛的圣乔治撑起了圣母的斗篷。侯爵跪在圣母座下，领受圣母的护佑。

布蛋彩画
160 cm × 192 cm
1798年收藏

圣母与圣徒身处的半圆形后殿是一个爬满了繁茂的枝叶、花朵和果实的大藤架，它是天国中乐园的象征。圣母位于这个金字塔形构图的顶点。

底座上的浮雕描绘的是原罪的画面，暗示基督为救赎人类所受的磨难，以及捐献这幅祭坛画的缘由和背景。支付给画家的酬金来自于对一个犹太人所处的罚款，因为他犯下了渎圣罪，丢弃了其住所中一幅绘有圣母与圣徒的画像。这笔罚金因而被用于委托画家创作一幅新的作品，以装饰刚建成不久的胜利圣母礼拜堂。

1496 年 7 月 6 日，也就是福尔诺沃之战一周年之际，这幅祭坛画在隆重的游行仪式中被运往它的存放之地，沿途引发了围观市民高涨的热情。从那以后，它一直被收藏在胜利圣母礼拜堂内，直至 1797 年被拿破仑作为战利品运回法国。

安德烈亚·曼泰尼亚

《美德的胜利》，约1502年

布蛋彩画
160 cm × 92 cm
1801年收藏
来自于红衣主教黎塞留的收藏

这幅画是曼泰尼亚为伊莎贝拉·埃斯泰的小书房创作的第二幅作品。画面内容很可能是由伊莎贝拉和她博学的廷臣们精心设计的，因为这位女侯爵想要借此画宣扬她富有美德的优点。作品遵循了人文主义的经典范式，以图解的形式传递了一个富有哲理的概念，其主题被分别以拉丁文、希腊文和希伯来文书写在画面最左侧缠绕住美德之母的长长的旋涡形饰带上。美德之母被囚禁在一棵橄榄树中，她向德能天使发出祈求。天空中，三位德能天使在宛若壁龛一般的云朵中现身；地面上，密涅瓦将维纳斯和一众罪恶驱逐出美德的花园。左上方正在喷发的火山和人形云朵仿佛是想表明，就连大自然也希望为这场解放花园的斗争助力，赶走所有抛弃了人性外表的堕落之徒。

节德天使（象征节制）将一个壶中的液体倒入另一个壶中，使酒与水相混合；义德天使（象征正义）手握宝剑；勇德天使（象征勇气）身披赫拉克勒斯的狮皮，一只手挥动棍棒，另一只手扶着一根圆柱。

密涅瓦手持长矛和盾牌，前来驱赶形形色色的面目狰狞可畏的罪恶的化身。缺失双臂的人物象征“闲散”，她被“懒惰”用绳子拖着前行。在她们身后的池塘边缘，写有摘自奥维德所著《爱的医疗》中的诗句：“倘若你摒除闲散，就能令爱神的弓箭失去效果。”

这个平静伫立、衣衫不整的女子是维纳斯，象征“色欲”，其美艳给人以矫揉造作的感觉。驮着她的半人马怪和她左侧的半人马母子同样也是色欲的象征。

列奥纳多·达·芬奇

《蒙娜丽莎》（又名《乔孔多夫人》），1503—1506年

木板油画
77 cm × 53 cm
来自于弗朗索瓦一世的收藏

《蒙娜丽莎》不仅是达·芬奇的代表之作，也是世界上最著名的女性形象，自问世以来，引发了各个时代的学者、文人和诗人的广泛评论。画上这位年轻女子通常被认为是1479年出生、1495年嫁给弗朗西斯科·戴尔·乔孔多为妻的丽莎·盖拉尔蒂尼，但她的身份存在着很大的不确定性，因为“丽萨”只是后人提出的众多猜想中因历史传统的影响作用而最为流行的一种推测。从绘画风格可以推知，这幅画创作于1503—1506年。为了论证这一创作时间的合理性，同时理清与达·芬奇走得最近的那些人提出的一些相去甚远的创作日期之间的关系，人们倾向于认为，达·芬奇是在佛罗伦萨开始绘制这幅画像的（拉斐尔正是在那里临摹了一幅图稿），但没有能够画完，因而它从未被交付给委托人。后来，达·芬奇旅居罗马期间，应内莫尔公爵朱利安诺·德·美第奇的委托将这幅作品绘制完毕，因为后者想要收藏一幅由达·芬奇创作的自由题材的绘画作品。朱利安诺过世后，达·芬奇动身前往法国，这幅画也跟随他来到了克卢城堡，存放在他的书房中，最后被弗朗索瓦一世以4000枚金币买下。

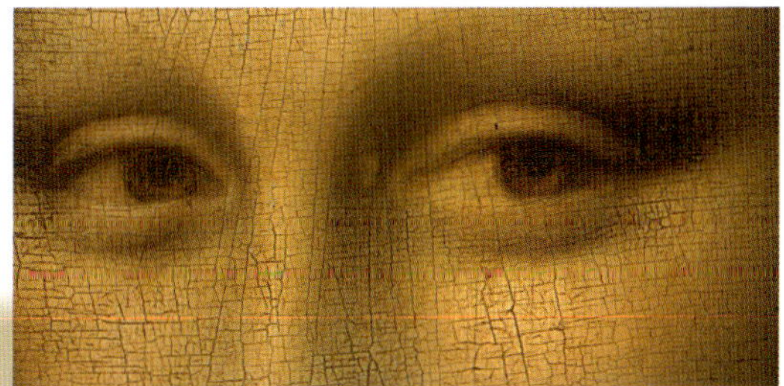

这位端坐在柱廊中（与这幅画的其他版本相比，画面中缺少了两侧的立柱）的贵妇人是达·芬奇引发的艺术革命的核心，它超越了当时的艺术所能达到的极限，不再将静止的人物形象框定于以透视法绘制的一成不变的空间和时间之中，而是开创了一个全新的维度，使艺术充满了变化，充满了动感。

“轮廓模糊法”（又译为晕涂晕染法）在此画中的运用达到了臻于完美的地步，以明暗对照法绘制的未表现出清晰轮廓的图案上覆盖着数层薄得几近透明的油彩，通过色彩那微妙的层次渐变营造出了光线的颤动效果。达·芬奇对流体做过大量的科学研究，因此液态的颜料在作品表面“凝固”后，没有留下任何使用画笔涂抹的痕迹。

背景中，弯曲的河流、布满岩石的山峰和蜿蜒的道路在“空间透视”效果的笼罩下，显得若开若合、若即若离，与蒙娜丽莎似动非动的面部表情有着异曲同工之妙。随着时间推移而发生的艺术变革，不仅体现在人物的形体上，也体现在其精神生活亦即内心世界，而蒙娜丽莎以其谜样的目光和介于欣喜与忧郁之间的令人捉摸不透的微笑，成为了“绘画也可以表现心理活动”最强有力的证明。

拉斐尔

《美丽的女园丁》（又名《花园中的圣母》），1507年

这幅圣母子题材的作品，之所以得名为“美丽的女园丁”，缘于画面中那位丰腴动人的女性和她四周的田园乡村风光。它是拉斐尔早期在佛罗伦萨（1504—1508年）绘制的圣母像中最著名的一幅。在那几年里，来自乌尔比诺的年轻的拉斐尔学习了达·芬奇、米开朗琪罗和弗拉·巴尔托洛梅奥的作品，逐渐脱离了他的老师佩鲁吉诺的画风，形成了一种深受前述三位大师影响的古典主义的艺术风格。这幅画中，来自达·芬奇的影响尤为明显，具体表现在柔和的色彩渐变和金字塔形的构图上。达·芬奇当时正好也在佛罗伦萨作画，拉斐尔显然是受到了达·芬奇为《圣母子与圣安娜》所绘草图（现藏于伦敦国家美术馆）的启发。不过，达·芬奇的作品中始终存在着持续的变化感和晃动感，透射出强烈的焦虑不安的复杂心情；而拉斐尔却与之截然不同，他的画面清澈明亮，人物形象布局和谐，圣母、圣婴和圣约翰通过明确有力的造型姿态相互联系和靠拢，构成了稳定而清晰的人物关系，给人以独特的恬静、安宁之感，而这正是拉斐尔画作的魅力之所在。

木板油画

122 cm × 80 cm

来自于弗朗索瓦一世的收藏

透明的淡蓝色远景效仿了达·芬奇的风格，人物形象坚实的立体感和庄重感则源自米开朗琪罗。亲切、自然、和谐的表现效果是属于拉斐尔的艺术成就，也是他为盛期文艺复兴绘画风格的发展做出的最重要贡献。

拉斐尔研究了达·芬奇和米开朗琪罗的作品后，在前者的开放式构图与后者的封闭式构图之间寻找到了一个平衡点。他还将二者相对立的绘画理念进行了综合：既不像达·芬奇那样去探究自然，以揭示其中的深层奥秘；也不像米开朗琪罗那样，力求捕捉自然中最微小的细节。在他看来，艺术的职能是向人们展示世间万物固有的美丽，因为偶然性和先验性之间并不存在着割裂，美就体现在自然本身的完美面容和外貌上。

拉斐尔将自己的名字签在了圣母腿部上方的外衣边缘上，并将日期签在了圣母的肘部。他在这个时期中创作的几乎全是肖像画或圣母像，从中形成的绘画风格注定会成功地流传于后世，直到 19 世纪还为人们所效仿。

提香

画布油画
110cm×138cm
1671年购买
路易十四收藏

《田园合奏》，约1510年

评论界曾围绕这幅富有诗意的画作展开过长期的讨论，为的是确定其原作者究竟是提香还是乔尔乔内。如今大部分学者的看法倾向于是来自卡多雷的绘画大师、乔尔乔内的学生提香，而这幅画在向公众展出时，也被归至提香的名下。弥漫于整幅作品中的奇特的恬静氛围给人留下最为深刻的印象，它是对田园牧歌生活的怀念和向往，而这种情感根植于注重华丽色彩和广泛使用隐喻或明喻表达象征概念的威尼斯文艺复兴文化之中。画面中，所有人物相互间既没有任何言语的交谈，也没有任何目光的交流，而左侧那位神秘的裸体女子正侧身俯向石制的水槽。人和羊群的呼吸声在弹奏的乐曲声、树叶的沙沙声、野草中的窸窣声的伴随下，似乎应和于同一个节奏。针对特权阶层的享乐者所选取的富有文化含义的主题和迷人的自然主义的风景均是乔尔乔内的风格，但生动的画面效果、自信而灵活的空间划分、化为温暖的光芒的色彩构成、天鹅绒与丝绸的细腻而和谐的质感，以及它们衬托出的光彩照人、完美无瑕的裸体形象，却无疑是提香绘画的代表性特征。

背景中的牧羊人和羊群，散发着乡村的意韵和古典哀歌的气息，为作品重新注入了真实性和尘世感。他们的出现将画面带离了诗意的虚幻情境，使其回归于现实生活和威尼托的风景之中。

透明的玻璃水瓶上呈现出光的反射效果，这是一个隐含着象征意义的细节，体现了提香高超的绘画技巧，在他后来的作品中多次出现，并为卡拉瓦乔的静物画树立了典范。

合奏（事实上是二重奏）用的诗琴和竖笛曾引来了评论家们有趣的解释，被认为是暗示性爱的象征符号，因为乔尔乔内的画中有过这样的先例。画面中真切的情色气氛在开阔的远景和协调而从容的姿态动作中趋于恬淡缓和。

康坦·梅西斯

《银行家和他的妻子》，1514年

木板油画
71 cm × 67 cm
1806年购买收藏

这幅创作于1514年的作品是风俗画发展史上的一座里程碑，对其进行临摹和复制的作品数不胜数。画家以扬·凡·艾克一幅已失传的画作为原型，细致入微地描绘了日常生活中的一个瞬间，并在右上方的那卷搁在书上的羊皮纸上签下了自己的名字和日期。画面给人以亲切之感，画中那对夫妇专注于各自手头的事情，其动作背后蕴含着现实和精神的双重意义：丈夫一面查看秤的水平情况，一面向妻子微微斜过身去，询问她的看法；妻子将手放在打开的祈祷书上，捏住正要翻过去的那一页，同时忧虑不安地观察着丈夫手中的秤，脸上的神情表明她很清楚商业活动毫无神圣性可言。两人的担忧是完全对立的：丈夫表现出的商人的精明与妻子在信仰面前流露出的谦恭形成鲜明的对比，而这种世俗与宗教的对立在一些非主要细节上得到了进一步提升。桌上的那面凸镜秉承了扬·凡·艾克的风范，画得非常出色，镜子里映出了坐在窗边的一位修士和呈十字形的窗框，而这个十字形很显然是宗教的象征符号。在画面的右边，隐约可以看到两个人在屋子外头，暗示即使是这样一个打理有方的场所，也不免被闲言碎语包围。

列奥纳多·达·芬奇

《圣母子与圣安娜》，约1513—1515年

木板油画
168 cm × 130 cm
来自于路易十三的收藏

精心创作一幅以圣母子和圣安娜为主体，外加小施洗约翰或小羔羊，或后两者同时出现的群像，这构想在达·芬奇生命的最后20年中时常浮现于他的脑海，并最终有至少四幅真人大小的不同版本作品诞生于世：三幅素描草图和一幅彩色油画。卢浮宫收藏的这一幅，1517年在达·芬奇位于克卢城堡的书房内现身，后被红衣主教黎塞留买下，将其献给了国王路易十三。画上的人物形象无疑是从古典艺术中汲取了灵感，不过，为了追求更为强烈的动态效果，达·芬奇放弃了现存于伦敦国家美术馆的那副素描草图所采用的恢弘的构图形式，非但没有使所有人物结合成统一的整体，并且还赋予圣母一个趋向于群像之外的坚定的动作，而由圣安娜稳定的造型来平衡构图。达·芬奇亲笔绘制的极为出色的素描稿和其他艺术家对这幅作品的临摹画，使这幅《圣母子与圣安娜》的作者归属不言自明。与画面近景相距甚远的远景体现了达·芬奇对地质学的研究，岩石的层理和运用“空间透视法”成功表现了逐渐消失在空气中的自然风景，均是对达·芬奇原作者身份的有力证明。

拉斐尔

《巴尔达萨雷·卡斯蒂利奥内像》，1515—1516年

木板油画
被复制在画布上
75cm×65cm
1661年被路易十四购买收藏

这个被覆以黄绿色及褐色色调的颇具立体感的人物形象，实现了构图与色彩的双重平衡，真切地传达了卡斯蒂利奥内高贵庄重的气质。这位出生于罗马的作家，与拉斐尔同在教皇的宫廷内效力，两人的友谊在这幅肖像画中得到了最有力的证明。

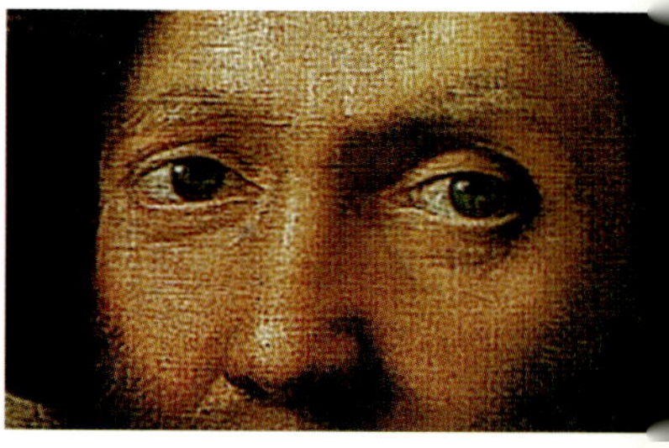

卡斯蒂利奥内是文艺复兴时期最知名的代表人物之一，也是拉斐尔的好友。这幅肖像画旨在表现他本人的著作《廷臣》中描述的那种外形气质与精神内涵臻于完美的典范。于是我们看到，他那坦然平和的眼神、姿态造型和衣着服饰，展现了一种通达自信、淡泊谦恭的个性品格。涂抹成棕色的背景犹如在人物身后拉上的一道帷幔，使画中人与观众形成了直接的联系。观众的视线被交叉于画面近景的双手吸引，顺着呈圆规状张开的小臂移向肘部，继而又上升至颈脖，在此过程中可以感受到魁梧的身躯呈现出的厚实之感。头部的立体感在整幅画面中最为突出，在雪白衣衫的映衬下愈显鲜明。尽管人物的外貌被描绘得生动逼真，但拉斐尔更侧重于刻画和展示其性格特征，力求将其塑造为一个具有示范意义的典型形象的创作倾向在作品中尽显无余。

木板油画
303 cm × 180 cm
19世纪初收藏

提香

《戴荆棘冠的基督》，约1542年

提香在画中捕捉的，是行刑场面的残酷无情和行刑者的残忍粗暴。置身于这幅画前，仿佛能听到呻吟声、咒骂声、低沉的呜咽声、急促的喘息声和木棍的折裂声。

这幅祭坛屏风画最初是为米兰的格拉契圣玛利亚教堂的圣冠礼拜堂而作的。1797 年，时值拿破仑查禁教堂及修道院期间，它被从教堂取走，运至卢浮宫，编入了馆藏的一组从质量和数量上来说都异常引人注目的提香作品中。基督脚下的台阶上署有画家的签名，但创作日期却无迹可寻，这使得人们对作品的创作时间产生了争论，不过所有推测都集中于提香漫长职业生涯的后期。如今，大部分学者将其确定

为 16 世纪 40 年代，也就是提香加强了与意大利中部“风格主义”艺术联系的风格成熟时期。这个结论得自于对作品的形式分析：行刑者的木棍构成了多条对角线，它们组合成的轮辐状图案具有从中心向左侧分离的趋势，由此产生的裂散效果使绘画空间内每个人物的动作、姿势和动作表情都得到了个体化呈现。作品年代的确定还基于对色彩运用的分析：色调的统一性被模糊和淡化，作为背景的深色墙壁抑制了光线的均匀散射，使其沿着倾斜而交错的线条，在生动有力、富于动态感的人物群像上断断续续地蔓延扩展，从而形成了明暗交替的色彩效果。

兰伯特·苏斯特利斯

《维纳斯、丘比特和马尔斯》，1548—1550年

画布油画
132 cm × 184 cm
早于1683年收藏
路易十四收藏

这幅画如果被挂在陈列16世纪意大利绘画名作的展厅内，并不会让人感到意外。兰伯特·苏斯特利斯（或名“来自阿姆斯特丹的兰伯特”）是“意大利式”画家的代表人物，他对意大利绘画如此倾心和投入，以至于彻底实现了从北欧风格向意大利风格的渗透转变。他的作品完美地吸收了威尼斯画派的风格，而这种画风是他自16世纪30年代中期作为风景画能手进入提香的画室后，向提香习得的。兰伯特一直留在提香的身边，并于1548年和1550年两次陪同大师前往奥格斯堡，接受查理五世的召见。很可能正是在此期间，他应富有的富格尔家族的委托，绘制了这幅以维纳斯、丘比特和马尔斯为题材的油画作品。远景中的自然景色具有极为明显的北欧绘画风格特征——辽阔的全景、深远的画面空间和明亮而独特的环境氛围，而维纳斯身后的帷幔则是借鉴了提香的《乌尔比诺的维纳斯》。不过，兰伯特笔下维纳斯的姿态造型与提香作品中那位端庄拘谨的爱神存在着很大的不同，反映了画家对帕尔米贾尼诺画的那些神情倦怠、体型修长的人物形象有更为浓厚的兴趣。兰伯特后来再没有回过荷兰，他在帕多瓦定居下来，并在绘画事业上取得了成功，被公认为“绘画才能卓著的”、伟大的色彩画家。

丘比特的出现，使这个女性形象的爱神维纳斯的身份不言自明。小爱神将他的箭指向了一对鸽子，而鸽子是维纳斯最典型的象征物之一，传说中通常伴随其左右。从画面右侧走来的那个战士是战神马尔斯，他是维纳斯的情人。

画布油画
660 cm × 990 cm
1798年收藏

保罗·委罗内塞

《加纳的婚宴》，1562—1564年

委罗内塞在绘制建筑物和部分人物时很可能用过一些助手，特别是他的弟弟贝内代托。

保罗·委罗内塞是现代装饰画的奠基人，他接受的作品订单几乎全部来自于威尼斯的委托人。这幅以舞台布景透视法描绘的光彩夺目的油画是画家的想象之作，原用于装饰威尼斯的本笃会圣乔治马焦雷修道院的餐厅。为了还原其华丽鲜艳的色彩全貌，人们在近年对这幅作品进行了修复，不过由于它的尺寸太过巨大，难以搬运，修复工作是在其所在的展厅内直接开展的。和他的其他宴会题材作品所表现的一样，委罗内塞在这幅画中同样将宗教性场面转变成了一幅世俗的景象，呈现了一场奢华盛大的婚宴，不仅生活在16世纪威尼斯的衣着服饰五彩纷呈的各国人群皆可见于其中，更是包罗了仆人、弄臣、动物、贵重餐具、锦缎绣花桌布等各类细节。所有这一切被排列在一个宽敞明亮的复杂建筑结构内，凸显了以威尼斯的宫殿楼宇尤其是安德烈亚·帕拉第奥设计的仿古典式建筑作为背景之上。委罗内塞展现的这幅情景，令人难以分辨究竟是真实还是幻想。它是一种类似于我们所熟知的那种现实，但却比现实更加富丽堂皇和引人入胜，溢满了和谐的气息。前景中，伴随着由古低音提琴手提香、小提琴手丁托列托、木管号手巴萨诺和担任古大提琴手的画家本人合作演绎的四重奏，和谐感从可以想象的美妙音符中油然而生，贯穿于整幅画面。

埃尔·格列柯

《法王圣路易和少年侍从》，1586—1596年

画布油画

129cm×97cm

1932年购买收藏，捐赠品

1577年，希腊裔艺术家埃尔·格列柯来到托莱多，将他于意大利学到的绘画风格与当地盛行的后期哥特式艺术的表现形式在自己的画中熔于一炉。创作这幅作品时，正值其艺术事业达到成熟和完满时期。他所形成的是一种被称作"反自然主义"甚至是"超自然"的绘图构想，即使是在描绘肖像画这类限定题材的作品时，也能够赋予人物形象深刻的宗教意义，使其摆脱与现世存在的一切关联。之所以能产生这样的效果，是因为他在作品中公然颠覆了与透视、重力或几何学相关的所有规律和法则，扬弃了一切比例尺度。在这幅作品中，圣路易依对角线站立，其宽阔的右肩和伸出的右臂使整个身体的重心前移；而少年侍从则显得无足轻重，缺乏重量感，好像纯粹是因为装饰性的原因才被画上去似的。画面拒绝了一切对称性或构造性的布局，舍弃了对环境的任何突出强调。那根架在高高柱基上的立柱，并不是王宫的象征，而仅仅起到了将两个人物推向画面近景的作用。

艺术家在对画面作理想化处理的同时，也注重对细节的描绘。王冠作为一个纹章图案，从中世纪起便是判定圣徒的王室血统的象征标志。不过，若非王冠和权杖上的百合花饰，人们将无法认出这位国王就是法王圣路易。

圣路易的形象是依照格列柯同时代一位身形修长敏感的男性而创作的，少年侍从则是以艺术家的儿子豪尔赫·马努埃尔为原型。国王的甲胄也具有时代的特征。但除此之外，圣路易完全表现出一个主保圣人的气质。这位国王在300年前以其义行善举树立了仁慈君主的楷模，在画家的那个时代依然为人们所称道。

色彩和光线在空洞洞的、昏暗而沉寂的背景的烘托下得到了强有力的突出表现。它们在狭窄的空间内闪烁、呼吸，构成了一种超越现实、历史乃至这个被选取和加以呈现的作品主题的明示或象征意义之外的幻觉效果。

枫丹白露画派

《加布里埃尔·德斯特蕾及其姐妹维拉公爵夫人》，16世纪末

木板油画
96cm×125cm
1937年购买收藏

16世纪初，法国国王弗朗索瓦一世决定将位于枫丹白露的古旧的中世纪城堡改建成一座富丽堂皇的王宫，由此揭开了枫丹白露宫一系列装饰工程的序幕。在参与这些工程的大量工匠和艺术家之中，有许多人是从意大利被召集来的。他们带来的画风逐渐成为法国艺术的主流风格。其中一些特征，如抒情的风格、优美的线条、对意大利风格及题材的仰慕，以及密布着修长人物形象的开阔远景，在此后数百年中一直为法国绘画所传承。临近16世纪中叶，法国艺术家在画坛的参与程度开始提升，涌现出一批以细腻优雅、尖锐深刻著称的富于幻想色彩的宫廷人物画像。这两位神秘莫测的裸体女子是由一位身份不详的法国画家绘制的。她们在一只浴缸内共浴（这符合当时的习俗），身体呈冰冷的象牙白色。画面以华彩锦缎为框，于半掩的帷幔之间表现双人肖像。背景中是一间家居厅堂，一个女人坐在烧得正旺的巨大壁炉边，正做着针线活。画面中笼罩着一股充满象征意义的神秘气氛：左侧那位女子轻捏加布里埃尔·德斯特蕾乳头的动作暗示后者已有身孕，且她与国王亨利四世的婚事在即。据推测，这幅作品的创作时间可能是1596年，也就是亨利四世情人加布里埃尔·德斯特蕾怀孕的时期，且无论如何应早于1599年，因为加布里埃尔·德斯特蕾在那年中死于分娩。

卡拉瓦乔

《好运》(又名《女算命师》),1594—1599年

画布油画
99 cm×131 cm
1665年购买
路易十四收藏

吉卜赛女子一面为这位衣着华丽的小伙子解读手相,一面灵巧娴熟地退下他手指上的戒指。卡拉瓦乔就这个题材创作的另一幅作品,现为罗马卡皮托利尼博物馆收藏。

通常认为,这幅作品是卡拉瓦乔抵达罗马后不久绘制的,当时的他欲借此画表明其颠覆古典绘画范式的创作倾向:“我叫住了一个正巧当街路过的吉卜赛女人,把她带到旅店,让她摆出给人算命占卜的姿势,给她画了像……我又画了一个小伙子,他将戴手套的那只手搭在佩剑上,另一只手脱去手套后递给吉卜赛女人,让她拿着仔细观察……”构图新奇大胆,画布材质、画面尺寸和光照效果完美契合,反映了卡拉瓦乔在学徒时期所受伦巴第艺术的影响和他对乔尔乔内绘画风格的掌握,但这些只是其创新内容的部分体现,因为他将以此作为序曲,开创一场诠释“绘画”本义的真正的艺术革命。在这幅作品中,可以看到艺术家在空间安排上表现出绝对的原创性,人物形象没有被局限在画面的任何一个平面之中。纨绔少年的佩剑和帽子上的羽毛构成反向对立的显眼的对角线,沿对角线扩展的形体传达了他自信与傲慢的性格特征。对比之下,吉卜赛女子的形象显得更为内敛和紧凑,从她那宽大而下垂的衣袖中伸出的双手就像拈花一般,散发着强烈的美感。

画布油画
369 cm × 245 cm
1671年购买
路易十四收藏

卡拉瓦乔

《圣母之死》，1605—1606年

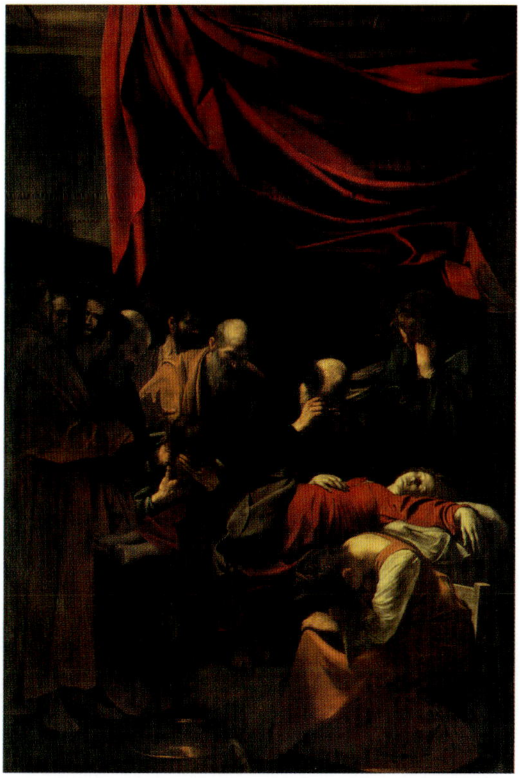

卡拉瓦乔之所以成为17世纪伟大的宗教画改革者，是因为他率先将现实生活感，而且是现实生活中最卑微贫贱的一面，引入了宗教题材的画面里。但也正因如此，这幅受罗马的圣玛利亚德拉斯卡拉教堂所委托而创作的油画，遭到了主管教堂的加尔默罗会士的拒收。面对颠覆传统的、

写实主义的圣母形象，面对这具溺水而亡、双足赤裸肿胀的年轻女子的尸体，虔诚的修士们实在无法理解她所表现出的人性背后那令人震撼的含义。这幅画后经鲁本斯的推荐，被贡扎加家族买下。在卡拉瓦乔笔下，圣母之死化作了一幅表现一群平民百姓、使徒和少女马达莱娜哀痛与绝望的平凡场面。巨大的红色帷幔，使这间弥漫着悲伤的破旧简陋的屋子显得庄严凝重。作品那戏剧性张力，因艺术家对多种风格手法高明的综合运用而达到了高潮。退缩的平面布局和并置的人物组群主宰了整个画面空间，强烈的光照清晰地勾勒出人物轮廓，使悲痛的人们和圣母的面容从漆黑的背景之中跃然凸显。

1627年至1628年间，这幅画随贡扎加家族的大部分收藏易主给英王查理一世。1649年，它被银行家雅巴赫购得。而后者又于1671年将其转卖给了路易十四，用以装饰凡尔赛宫。1793年，这幅画告别凡尔赛宫，落户现今的收藏地，也就是当时的“中央艺术博物院”。

圭多·雷尼

《诱拐得伊阿尼拉》，1620—1621年

画布油画
239 cm × 193 cm
1662年购买
路易十四收藏

这幅作品是陈列在大画廊内的四幅描绘赫拉克勒斯英雄伟业的巨幅系列画作之一，向世人展示了17世纪意大利古典画派最著名的代表人物圭多·雷尼的绘画造诣。圭多·雷尼在法国被简称为“圭多”，法国画家们，从普桑到安格尔无不将其视为高雅风格的典范。这套系列油画是受曼托瓦公爵的委托而创作的，完成于1617—1621年，是雷尼回到博洛尼亚期间，继宗教画之后完成的又一批神话题材的作品。在此之前，他在罗马深入研究了拉斐尔的作品和古代雕塑，并凭借其温和典雅的风格在画坛赢得了盛誉。即使是在像《诱拐得伊阿尼拉》这样的画面动作迅猛激烈但构图严谨细致的作品中，雷尼对理想、完美、和谐的古典之美的追求也表现得十分明显，而这种追求一直贯穿体现于他的作品之中。画上的主人公并不是背景中身影模糊的赫拉克勒斯，而是近景中以浓墨重彩华丽展现的那一对人物。他们的衣衫在奔跑中迎风鼓起，进一步凸显了人物形象的立体效果。

这幅画的叙事方式与其他三幅有所不同。另三幅作品明确表现了赫拉克勒斯传奇经历中的某一个具体场面，而这幅作品则是让观画者主动去回想画中所绘场面之前和之后发生的那些事情，并为其在整个系列中进行合理的排序。赫拉克勒斯为娶得伊阿尼拉为妻，与河神阿克洛俄斯展开争夺，并获得了胜利。后来，半人马怪内索斯在临死前诱使得伊阿尼拉收集了他的血液，使她相信那是一种具有魔力的媚药，能够让丈夫对她爱意永驻。当赫拉克勒斯穿上被妻子涂抹了半人马怪血液的衣服后，遭受了难以忍受的剧痛的侵袭。他感到自己大限将至，遂跳入火堆，自愿结束生命，从此升入奥林匹斯山，加入了众神的行列。

雷尼从 1617 年开始创作这组系列油画，先后完成了《火堆上的赫拉克勒斯》《赫拉克勒斯与河神阿克洛俄斯》和《赫拉克勒斯杀死九头蛇怪》。《诱拐得伊阿尼拉》是他最后交付的作品，又被称作《河边的赫拉克勒斯》。不同于前三幅画作，赫拉克勒斯在这幅画中没有继续作为主人公出现在画面的正中，而是退居背景中一个不太显眼的位置，我们需要通过他披着的那张狮皮——那是他完成十二伟业中的第一项任务取得的战利品——才能认出他来。

作品的主题来源于奥维德的《变形记》。赫拉克勒斯和妻子得伊阿尼拉为渡过一条水深的大河，接受了半人马怪内索斯提供的帮助。但内索斯在横渡途中抓住得伊阿尼拉，驮着她飞奔而去，欲将其占为己有。正在这个时候，已到达对岸的赫拉克勒斯听到妻子的呼救声，便用一支蘸过九头蛇毒血的箭射杀了半人马怪，解救了妻子。

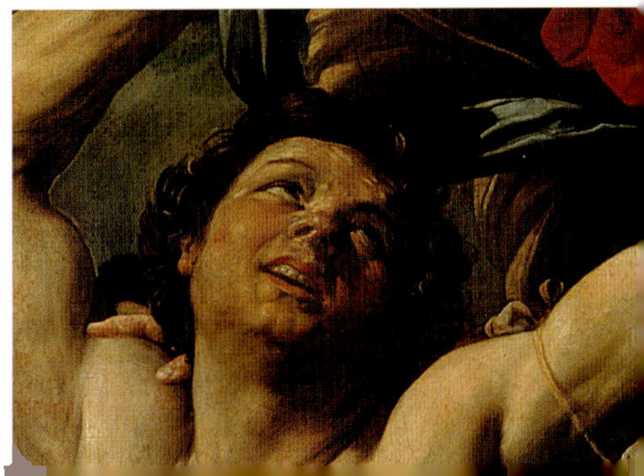

彼得·保罗·鲁本斯

《玛丽·德·美第奇抵达马赛》，1622—1625年

画布油画
395 cm × 295 cm
1816年收藏
来自于路易十四的收藏

法国王后玛丽·德·美第奇为装饰卢森堡宫，特请鲁本斯以她的生平事迹为主题，绘制了21幅将历史与神话相结合的连环画作，这幅画便是其中之一。拿破仑执政期间，这组作品告别了已被改作参议院所在地的卢森堡宫，进驻卢浮宫，并从1900年起拥有了一间属于它们的专用展厅。鲁本斯在这幅表现年轻的皇后乘船抵达马赛、正准备上岸的作品中，将画面在水平方向上明确地一分为二。在上半部分，他按透视法描绘了向密布着波浪形装饰图案的背景逐渐后退和缩小的人物群像，包括王后、贵妇人和仆从，并通过他们富有节奏感的泊船上岸的动作进一步加强了这部分画面的稳定性。在下半部分，近景中体态丰腴、光彩照人的海中仙女成为作品的另一亮点。她们因激动的心情而夸张地转动身体，以前所未见的奇特造型连为一体，洋溢着阵阵强烈的协调之感，是鲁本斯的绘画作品中最新颖独到和最具蓬勃生气的画面之一。仙女的身体被包裹在透亮而夺目的燃烧的色彩之中，与画面上半部缺乏活力的珠光宝气的色彩形成了鲜明对照。左侧的那部分船体装饰极尽奢华，起到了联结上下两块画面的作用。立于甲板上那位仪态庄严的贵族绅士是整个上岸仪式的护卫者，他是画家超然与公正的化身，体现了鲁本斯一直以来对其恢弘壮丽、看上去极为逼真和自然的画作的内在情感和表现形式的掌控。

瓦朗坦·德·布洛涅

《女算命师》，约1628年

画布油画
125cm × 175cm
早于1683年购买
路易十四收藏

在17世纪的头几十年中，罗马是不少非意大利本土画家心驰神往的艺术圣地。他们慕名前来欣赏卡拉瓦乔的大作，被其富于现实感的画面所深深吸引。在卡拉瓦乔的法国追随者中，瓦朗坦·德·布洛涅的作品最具创意和戏剧性。我们对他早年的学画经历知之甚少，只知道他1611年来到罗马，1632年在那里辞世。他的首批杰作问世于1618年，从中可以看到卡拉瓦乔和曼弗雷迪对他的影响。他对光线效果的追求，通过浓影与亮光的对比而得到的近似几何形的简化图案，均是借鉴了两位大师的风格特征。他也学卡拉瓦乔和曼弗雷迪那样，只为画中人物描绘出半身像，并且描绘在画酒馆内的情景或《圣经》故事的场面时，将日常生活中的同时代人作为主要人物的原型，直接收入画面之中。在这幅作品里，画中的人物一半显现于强光的照射下，另一半隐没于阴影之中。漆黑的环境压抑得令人窒息，使我们感受到人物身后空间感的不足。然而从外围到中心，画面用色渐趋鲜艳，至正中达到最艳丽的色彩，使整个画面顿时活跃起来。生动而强烈的明暗对比突出表现了每个人专注的面部表情，使他们虽然身处那种欢宴聚会之所，却显得相互独立，沉浸在各自的思绪之中。这幅以粗俗的小酒馆为背景，表现众多面色忧愁之人的画——尽管那间屋子里还有人在奏唱着乐曲，表明了作者在丝毫不淡化画面戏剧性效果的情况下，对现实主义的强烈追求。

弗兰斯·哈尔斯

《吉卜赛女郎》，约1628—1630年

木板油画
58 cm × 52 cm
1869年收藏
路易·拉卡泽遗赠

绘画手法上采用明亮清新的条纹和色块，随需要表现画面的变化：在红润的脸上显得轻盈而平静，在衬衫的布料上则显得生动跳跃、充满活力。

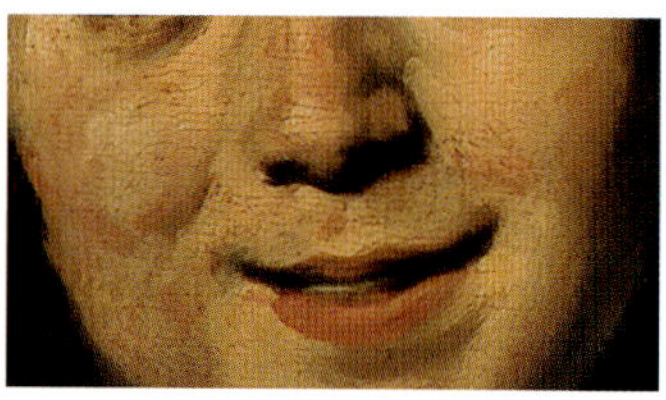

在罗马，卡拉瓦乔及其追随者成熟完善的写实手法对弗兰斯·哈尔斯起到了决定性的影响。哈尔斯本人从未到过意大利，他对卡拉瓦乔画风的了解来自于那些曾经旅居意大利并且研究过卡拉瓦乔作品的荷兰画家。这幅画作是哈尔斯为各具特色的不同人物绘制的诸多肖像画中最具欢乐氛围的一幅。画上的年轻女子笑靥盈盈，热情奔放。在她身上，艺术家通过大胆的超凡脱俗的表现手法，展现了自己的独特创意。他的笔触宽窄与长短变化不一，却显得恰到好处、顿挫有力，充满激情而流畅自如，从而成功地塑造了这个极为朴素、几乎不带任何修饰的人物形象。光从正面照向她，色彩的统一与对立，尤其是明暗对比，为她增添了立体感与动势。经过处理的背景进一步增强了这种动态效果，它像是一抹多云的天空，抑或是一处山岩的风景，中间划过一道更为明亮的色带。袒露得过低的衣襟和挑逗的姿态让人们认为，这位年轻的女郎可能是一名当红妓女。

画布油画
245 cm × 240 cm
1858年购买收藏

弗朗西斯科·德·苏巴朗

《圣文德的葬礼》，1629年

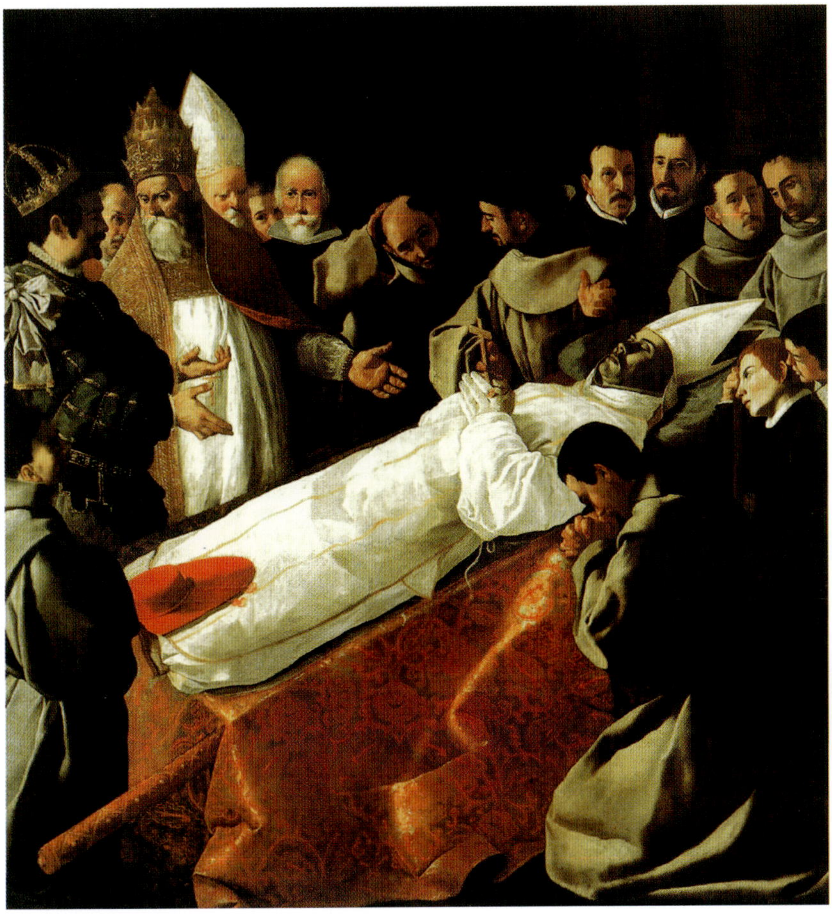

由于具备以高度朴实的创作手法营造强烈而炽热的宗教气氛的才能，苏巴朗被确立为西班牙绘画的“黄金时代”，也就是16世纪最受欢迎的修道院精神的诠释者。

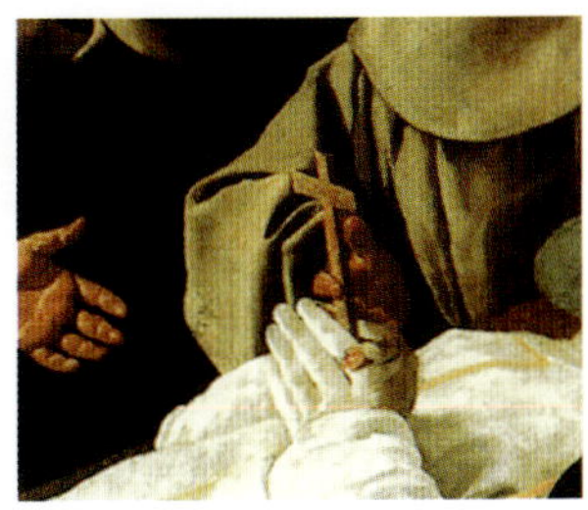

弗朗西斯科·苏巴朗受塞维利亚的方济各神学院的委托，以“圣文德生平事迹”为主题创作了四幅系列油画，用以纪念这位方济各会的道德改良者，其中两幅现被卢浮宫收藏。1274年，圣文德在里昂会议期间逝世。作为这次会议的发起者，他在会上呼吁实现东、西教会的统一。与会的所有最重要人物都出席了他的隆重葬礼，向他的遗体致敬。在其哀悼者中，可以看到教皇格列高利十世、阿拉贡国王、里昂主教、几个修士和其他一些人物。艺术家侧重于通过人物多种多样的表情和姿势表现形形色色的痛苦。在场者的反应、他们组成的群像分别代表世俗和宗教的两位最高领袖张开的双臂，使我们觉得死亡并不是这位信徒的个人悲剧，而是他作为全人类道德典范的社会价值的体现。在明晃晃的雪白色法衣和主教冠的作用下，遗体构成了清晰鲜明的对角线，将画中的所有光线都聚集于其上。与此同时，浅绿色阴影从死者的面部游过，给人以鬼魅般的感觉。

尼古拉斯·普桑

《诗人的灵感》，约1630年

画布油画
184 cm × 214 cm
1911年购买收藏

这幅画是普桑最著名的作品之一，画中人物体现出的异常强烈的柔美抒情之感在画面中占据了支配地位，与他们身后辽阔天地的风景中散发出的英雄史诗情感形成了对照。

普桑出生于1594年，是法国古典主义绘画最著名的代表人物。这幅油画创作于其艺术风格成熟时期，巨大的画面尺寸、几乎与真人等大的画中人物相对有限的数量、在X线的照射下显现的反复修改的痕迹，对这件作品的年代确定制造了一些困扰，通常认为它完成于1630年前后。作品的主题同样令人费解。右边那个男青年可能是维吉尔（近景中那几部书的书脊上写有“奥德赛”“伊利亚特”“埃涅阿斯纪”字样的书名），他正跟随着阿波罗的灵感在写作；左边站着的女性可能是掌管英雄史诗的缪斯卡利俄佩。后者的形象，与阿波罗一样直接取型于古典雕塑。无论从人物形象还是从绘画风格来看，普桑都仿效了保罗·委罗内塞和提香，沿用了他们作品中的金色光芒；他还更多地借鉴了拉斐尔为梵蒂冈宫绘制的壁画《帕那索斯山》。对普桑而言，这几位艺术家象征着对神话的追忆，代表了绘画的传统。

画布油画

106 cm × 146 cm

1972年购买收藏

乔治·德·拉图尔

《玩牌的作弊者》，约1635年

年轻公子的面孔被光线照得透亮，象征着善良与无邪，同时也象征着沉迷于名妓提供的享乐，即将遭到戏弄者的天真与幼稚。与之构成对比的是作弊者的面孔，它隐没在半明半暗之中，是罪恶的象征。

这幅著名的画作于 1926 年被发现，标志着对拉图尔的生平及其作品的“日常”发掘工作的开始。画板的左下缘上署有画家的签名，然而其创作年代却众说纷纭。拉图尔所画的“玩牌的作弊者”这个主题，最早可见于卡拉瓦乔的作品，且为他之后的画家所频繁使用。除这个主题外，当时同样较为常见的浪子被女人骗光钱财的题材也被融入了这幅作品之中。画中齐集了 17 世纪的道德观所认为最具诱惑的三种事物——女人、赌博和美酒，使观画者对此陷入了沉思。紧张不安的静止感笼罩着整个画面，并与一股奇怪的庄重感和讽刺意味相融合，令凝视得出神的观画者深深地陶醉于其中。完全黑暗的背景突出了精美绝伦的纯绘画部分，如长颈大肚酒瓶和葡萄酒杯这类静物，画面中央那位名妓服装上的细节，以及最右边年轻公子的哥萨克式上衣。拉图尔还画过另一个版本的《玩牌的作弊者》。在那幅画中，作弊用的那张纸牌不再是本画中的方块“A”，而是换成了梅花“A”。

安东尼·凡·戴克

《查理一世行猎像》，约1635—1638年

画布油画
266 cm × 207 cm
1775年购买
路易十六收藏

弗兰德斯画家凡·戴克，是1632—1640年间英王查理一世及英国贵族最欣赏的肖像画家。这幅作品虽然将国王描绘于一个非正式的场景之中，但大获成功，成为查理一世最具王者风范的肖像和艺术家的代表作之一。画中的国王既未穿戴王室的服饰，也没有身披护胸铠甲，然而却散发出前所未有的高贵气息，尽显其出众与文雅、魅力与尊贵。画像高明地融合了贵族绅士的肖像画风格和君主亲王的肖像画风格，以及私人个体的肖像画风格和公众人物的肖像画风格，而构成这一特点的是画面中用以衬托国王形象的侍从、象征王权的芦竹手杖、就狩猎而言过于奢华的装束、高傲的姿态，以及国王的位置相对画面中心的略微偏离——它起到了提升国王威严的效果，但又不使之显得过分。树叶形成的弧线如画框一般将国王和谐地包裹于其中，背景中明亮的天空使他的形象更加醒目，细腻的色彩进一步增强了他与生俱来且不容置疑的高贵之感。那匹低着头搔蹄子的马，是艺术家通过提香的作品对古代雕塑的巧妙借鉴。

克洛德·洛兰

《夕阳下的海港》，1639年

画布油画
103 cm × 137 cm
1639年收藏
安德烈·勒诺特赠予路易十四

画面尺寸虽小，但却给人以辽阔深远之感。为了给画中的风景增添一抹高贵的气息，洛兰在构图中对建筑元素和自然元素的安排做了细致入微的处理。这幅画展现了艺术家描绘环境和光线的高超技巧。

理想化的风景画诞生于崇尚古典艺术的美学环境中，是建立在完美与理性基础上的一类画作。它从17世纪初开始得到发展，在工作于罗马的众多外国画家的推动下，最终形成了其独有的风格特征。法国画家克洛德·洛兰和尼古拉斯·普桑在这一发展过程中发挥了至关重要的作用。两人都对此投入了极大的热情，但是他们描绘的景象和表达的情感却是截然不同的。事实上，洛兰一方面将风景视为历史画中的主角，提升了风景本身在画面中的地位，减少了对那些陶醉于风景之中的人物形象的渲染；另一方面彻底摒弃了使人回想起黄金时代的神话场面那种乌托邦式梦幻般的景象。他不像普桑那样，追求理性而严格的清晰和精准，也无意表现普桑那种高远但始终夹杂着不安和忧郁的意境。洛兰还很年轻时就来到了罗马，与罗马的乡村建立了一种密不可分的联系。他观察真实的风景，整日整日在野外度过，学习如何表现四季中及一天内不同时间的光线变幻。他采用自然随和的表现形式，展现仿佛被框于舞台侧幕中的延伸向遥远天际的田园风光，并将这种风格持续于整个职业生涯，其间只对其做过微小修改，加入了他对自然的新近观察，以使画中的风景显得更为准确。洛兰的艺术风格对后世的风景画家产生了极为深刻的影响，他的作品中表现出的光线的连续性和风景的统一性是他们学习和效仿的对象。

画布油画
222 cm × 255 cm
来自于法国大革命时期
没收的艺术藏品

菲利普·德·尚帕涅

《黎塞留红衣主教像》，1640年

法国人对于精准有序的构图的特有审美趣味，经由普桑传承于佛兰德斯画家菲利普·德·尚帕涅的诸多作品之中。尚帕涅年

轻时便移居法国，作为宗教画画家享誉巴黎。尽管他从未去过意大利，但熟知卡拉瓦乔主义、卡拉奇的古典主义、新威尼斯画派和巴洛克艺术的最新研究，因为他能够从巴黎的艺术藏品中学习到所有这些风格。王太后玛丽·德·美第奇对他赞赏有加，路易十三也对他十分器重。红衣主教黎塞留经常请他作画，并于1630年前后委托他负责红衣主教宫的装饰工程。他为黎塞留绘制了多幅肖像，在此过程中确立了他对官方肖像画的创作理念：拒绝将画中人描绘成骑马的样子或装扮成神话人物，侧重于表现被画像者散发的个人魅力，而非人为植入的寓意。作为17世纪最著名的肖像画家之一，尚帕涅赋予画中人一种独特的精神气质，朴实而不张扬，符合那个时代道德主义者的思想，深受艺术家同时代人的欢迎。

虽然在大部分情况下，尚帕涅下笔前都会对被画像者的外貌和手部进行细致观察，但他却显得缺乏感情上的投入，对被画像者表现出一种谨慎的态度和近乎于高傲的冷漠。尽管在描绘人物容貌时秉持客观立场，不带个人好恶，但他更为感兴趣的似乎是人物的抽象人性，而不是他们的个性特征。

乔治·德·拉图尔

《油灯前的马达莱娜》，1640—1645年

我们现在所欣赏的是拉图尔的一幅夜晚场景。他在职业生涯的后半段中，似乎转变了创作方向，越来越倾向于表现画中的这种光线效果，因为他能够从中促进和深化自己对人类处境的基本问题的思考。这幅画象征着空虚的俗世与崇高的精神苦修之间的对比，是拉图尔创作的马达莱娜题材画作中唯一一幅署名的作品。在被烛焰刺破的黑暗中，马达莱娜正在平静地忏悔苦修：她坐着，腰上扎着苦行带，两眼凝视着象征她所消耗的时间的蜡烛，右手轻抚着膝上的骷髅头。显然，她已经做出了抉择，选择从这个充满欺骗的世界隐退，过一种孤独而简朴的生活。拉图尔也从他的画作中消去了所有世俗的元素，代之以简约而谦恭的人物造型、朴素的色彩运用和精简的构图层次。

画布油画
167 cm × 131 cm
1979年收藏
卢浮宫友人会捐赠

乔治·德·拉图尔

《伊雷娜看护圣塞巴斯蒂安》，早于1649年

这幅画1945年在布瓦昂泽赖的小教堂内被发现，被认为与1649年吕内维尔城赠送给洛林大区总督的那幅《圣塞巴斯蒂安》同属拉图尔的同一组作品。拉图尔1620年移居吕内维尔，并于1652年在那里去世。这幅画既是他画过的最具挑战性的作品之一，构图中极为少见地出现了五个人物形象，同时又是他创作的最后几件作品中最著名的一幅夜晚场景。伴随着这种光线处理的是简洁的图案、纯净的姿态造型和朴素而有限的色彩运用。画面被一系列相互呼应和重复的形状赋予了节奏感：左侧那棵圣塞巴斯蒂安受刑时被绑缚于其上的树（或立柱）与右侧那位直立着的悲痛的女子构成了对照，而缠绕在树上的绳子的螺旋形状又为交织舞动的火焰所重复。在摇曳火光的映照下，一切都以慢动作进行，简化到极致的人物形体似乎仿效了立体派的风格，其雕塑感在火光中显得更加突出。悲痛的女子们如站在古典唱诗台的人一般渐次升高，默默地“合唱”着这段悲惨的命运。

画布油画
128cm × 94cm
1949年购买收藏

和卡拉瓦乔一样，拉图尔也懂得使用一道强光将黑暗突然照亮，以揭示震撼人心的真实场面；和卡拉瓦乔一样，他也为圣人画上他那个时代里最简朴的服装。不过，他将笔下的人物提升至一种风格化的庄严伟大，这点与卡拉瓦乔的现实主义很难再有任何相似可言。

火炬为作品注入了一抹动人的色调，在苍白而沉郁的色块上投下斑斑阴影。这种明暗效果其实并不“精准”，表现的根本不是真实光源照射下的光影效果。艺术家依照自己的构想描绘了物体形成的阴影，以足够的精细和严谨营造了一种近似真实的光线效果。

艺术家以前所未有的朴实和崇高表现了“伊雷娜看护圣塞巴斯蒂安”这个在当时非常流行的感人而沉重的题材。据塞巴斯蒂安受难的传说记载，塞巴斯蒂安当时处于极度的痛苦之中，伊雷娜只敢用手托起他的手腕。塞巴斯蒂安的痛苦通过尽可能直白和生动感人的方式得到了呈现：从他脸上，滑下了一滴他无意中流出的眼泪。

路易·勒南

《农民家庭》，1642年

画布油画
113cm×159cm
1915年购买收藏

路易·勒南及勒南三兄弟的作品，属于那种以崇高意境和诗意风格而著称的风俗画流派，它对取自日常生活的题材加以再现，反映了路易十三（1610—1643年在位）时期渗透于法国文化中的质朴精神。在三兄弟中，路易·勒南排行第二，但却是最具才华的一个。他尤爱描绘围着一张摆好的桌子进餐的家庭生活场面，从田地里归来的，有时是在户外的穷人生活的场面，把它们表现得庄重而感人。这幅著名的《农民家庭》体现出画家在走近贫民的世界，以他善用的由棕褐色与银灰色调和而成的朴素色彩画出他们那朴实而忧郁的姿态，并且坚持着客观的态度。画中的一切都是为了突出穷人生活的俭朴，不带一丝滑稽、讲究、乞讨或讥讽的修饰。恬静而无声的画面透露出的内心情感，源于画家对静物的描绘，虽说被去除了一切说教的意味，但面包和酒放在显眼的位置，或许表明它们具有一种象征的意义。微弱的光线和布满阴影的空间使作品的严肃性得到了最大化的呈现，阴影沿着对角线从人物身上划过，突出了他们的立体之感。精准的矩形构图、暗淡的色彩和神态凝滞的朴实庄重的人物，共同赋予这个乡村生活场面一种富有古典主义色彩的普世价值。

尼古拉斯·普桑

《有俄耳甫斯和欧律狄刻的风景》，1649—1651年

画布油画
120 cm × 200 cm
1685年购买收藏
路易十四收藏

普桑的这幅作品，展现了艺术家从美学的表现形式和从精神上对古典理想范式的追求。他偏好历史题材，喜欢将其与古代的神话传说共同呈现。在这幅油画中，自然与历史以开阔的风景为依托，融合成了一个独特的结构，其各部分都是经过精密计算而得到的，从而将画面提升到了一个由理性引导感性的更高层次的境界。俄耳甫斯与欧律狄刻的命运悲剧，或许是画家想告诫我们：爱情是不幸的，艺术与美都从痛苦中而生。不过，这对爱人的悲剧却在这片环绕着开阔而平静的湖面的清朗明亮的风景中淡化消融。他们阴阳相隔的悲剧原是希腊的神话故事，但却被艺术家安排在了罗马的环境之中，这从出现在背景中的圣天使城堡就可以看出。普桑凭借想象，成功地使毫不相干的单个组成部分在画面中有效结合，构成了一种温和、自然、看似真实的效果，为的是提醒我们，历史拥有一种奇特的内在价值，能够持续存在于任何时间和任何地点之中。

当洛兰在自然中追寻古典理想的时候，普桑却在历史中追寻。为了使自己的风景画既能向观画者传递一定的信息，提升他们的精神境界，又能表现他所追寻的古典理想，普桑在作品中加入了一出正在进行中的人类活动。

画布油画
98 cm × 74 cm
1797年购买收藏

尼古拉斯·普桑

《自画像》，1650年

写在深色画布上的拉丁文告诉我们，普桑56岁时完成了这幅自画像，将其高贵而又朴实的个人形象定格于作品中。在他身后，相互倚靠着的画框勾画出了一个朴素的、纯记录性的几何形布景。画中的艺术家姿态庄重，衣着雅致大方，无过多的修饰，手撑在一只画家用的皮包上，面部表情显得缺乏感染力。画上的文字还告诉我们，这幅肖像画是普桑在罗马绘制的。他从1625年起选择在罗马定居，并一直在那里生活，只在1640—1642年期间，应众多法国仰慕者的再三要求离开了两年，以法国国王首席画师的身份为国王和红衣主教黎塞留等人服务。由于对自己分配到的工作——大型的祭坛装饰屏风画、寓意画和卢浮宫大画廊（现已被毁）的装饰画感到不满意，他不久便又回到了罗马，从此再没有离开过。后来将画好的作品寄往法国，赢得了“古典主义绘画大师”的美誉。

这幅1649年动笔、1650年5月完稿的肖像画，是普桑应他在法国的中介人保罗·弗雷亚尔·德·尚特卢的委托而作的，于当年的6月17日寄给了后者。它是艺术家们临摹、学习的对象和创作的灵感来源。

伦勃朗

《沐浴的拔示巴》，1654年

画布油画
142 cm × 142 cm
1869年收藏
路易·拉卡泽遗赠

这幅署有画家签名和日期的作品，是临摹自画家的模特和爱侣亨德里契娅的肖像画，绘制于伦勃朗艺术创造力达到顶峰的时期。他摒弃了同时代人遵循的传统风格，转而创作更接近于精神和内心世界的题材，形成了一种更加自由的绘画技法。这幅描绘女性裸体的画作一经问世便招致了严厉的批评，反对意见不仅指向这个并不常见的主题，而且还指责画家抛弃了文艺复兴时期形成的

和谐之美的理念，代之以一种冷酷无情的现实主义，将缺陷与瑕疵暴露无遗。作品表现的是《圣经》中一个故事情节：大卫王看见了沐浴中的拔示巴，对她心生迷恋，于是将她从她丈夫手中抢夺过来。伦勃朗在刻画传统的人物形象时，同样展现了大胆的想象。事实上，大卫王并没有出现在画面中，而是通过拔示巴手中那封书信得到了体现。假如没有这封信的存在，我们就将无法辨认出作品的主题。

伦勃朗采用的绘画技法，是在画布上涂抹与地面色调相协调的厚厚的色彩，并以“轮廓模糊法”强化距离感，这使得拔示巴的裸体在观画者的眼中显得直接而生动，呼之欲出。

画布油画
24 cm × 21 cm
1870年购买收藏

扬·弗美尔

《绣花边的女子》，约1665年

弗美尔的签名可见于背景中的墙面右部，但作品年代却需要根据绘画风格推得。一般认为，这幅作品绘制于1665年前后。艺术家以特写方式将少女的形象和环境中所有组成元素全部推到了画面的最前端，这在他的作品中并不常见，因为他喜欢在观画者与人物之间留出大块的空间，而如此近距离的人物位置摆放似乎为焦距的调节和人物形像的塑造增添了不少困难。风格上的推陈出新

还体现在光源的位置上，它被画家少见地移到了右侧。不过，自下而上的视角却是他的一个几乎从不改变的作画习惯，在这幅画中因场景的拉近及简洁洗练的特点而愈显突出。“绣花边的女子”是那个时代及之前时代的画家们反复使用的题材，也是弗美尔的代表性题材。他尤为喜爱描绘女性人物专注于家务活动的场面，在其四周围绕上带给人亲切感的家用物品。在格外纯净的光线和色彩的作用下，画中这位紧贴日常生活现实的女子，顿时充满了迷人的魅力。

散射的光照进画布的方寸空间，勾勒出人物和物品的轮廓，在精简的环境中营造出一种明亮的、雾化的、浮动的家居室内的幻觉效果，令试图从中寻找隐藏于画面所绘现实场景背后的深层含义的人迷失于其中。

亚森特·里戈

《路易十四像》，1701年

画布油画
277 cm × 194 cm
来自于1704年的沙龙展
路易十四收藏

宫廷肖像画随着效力于国王和上层贵族的官方肖像画家里戈的登场而达到了顶峰。这幅《路易十四像》在之后的至少一个世纪中，一直被奉为帝王肖像的典范之作。路易十四是巴洛克绘画时期最伟大的艺术保护者，正是他后来将卢浮宫变成了一座国立美术馆。宏伟的建筑背景、宽大的帷幔和完美精湛的创作手法，外加艺术家略去了对画中人物心理特征的刻画，使“太阳王”这幅不朽巨像超越了君王的个人肖像，升华为法兰西王国的象征。里戈成功地实现了理想化风格与严谨细致的自然主义在作品中的并存，并在营造出光线效果的物品陈设与色彩修饰上大量运用了这种独特的表现手法。路易十四的面容来自于现场写生，其余的部分则是艺术家在画室中另行绘制后拼接上去的。这幅作品的成功为里戈赢得了响彻欧洲的美誉，各国的王室成员对他趋之若鹜，争相请他为自己绘制肖像，令他成了引领17世纪风尚、艺术与时装的法国宫廷中炙手可热的画家。

让-安托万·华托

《滑稽丑角吉洛》（又名《爱月者皮埃罗》），约1718—1719年

画布油画
185 cm × 150 cm
1869年收藏
路易·拉卡泽遗赠

巨大的尺寸使这幅《爱月者皮埃罗》愈发显得与众不同。画面中设置的场景令人联想到一座剧院的舞台前部，而在舞台后方露出的四个半身像分别是骑驴的博士、求爱者莱安德罗、恋爱者伊莎贝拉和说大话的士兵。

这幅画在1804年以前几乎一直不为人所知。那一年，当收藏者从一位画商手中将它买下的时候，它正被后者用作自己店铺的招牌。由于缺乏相关的文献记载，画家究竟想借这个垂着双臂、神情茫然的演员表达何种含义，在当时仍是个未解之谜（与之相矛盾的是绘于中景的那头驴的眼神，反倒比主人公的眼神更加意味深长）。画作的主人公像是在仔细地观察着观画者，他站在画面的最前部，身后还有四个意大利假面喜剧中的角色，而意大利假面喜剧是华托多次描绘过的题材，经常在他的作品中出现。据猜测，这幅作品可能是某座剧院的招牌或海报，这或许可以解释它为什么拥有如此巨大的尺寸，以及为什么与传统作品相比画面更宽且色彩的搭配更显突兀。作品表现了一个每天为人们送去笑声的喜剧演员的形象，他身处一场令他倍感困惑的演出中，丝毫没有意识到自己成为了被众人取笑的对象。这一幕充满幻想、纯真和欢乐的戏剧，是由梦境般的幻想和淡雅的感伤共同构成的华托艺术风格的真正缩影。

画布油画
47 cm × 38 cm
1867年购买收藏

让-巴蒂斯特-西梅翁·夏尔丹

《市场归来》，1739年

夏尔丹似乎是在别人向他指出静物画太过简单低级后，才决定改画室内场面的。在这些表现出明显的荷兰传统风格影响的场景中，他以谦逊、关切的情感和极富感染力的色彩描绘了属于“第三等级”的平民百姓的日常生活，从而将观察到的现实情景升华为了抒情诗意的动人画面。

夏尔丹在世时便因其静物画的成功而长期享有17世纪其他任何画家所无法企及的声誉。从他描绘的家庭环境、日常用品、平民百姓的画面中，我们看到了他为劳作中女性的优雅之美献上的精美艺术。这幅《市场归来》便属于上述这类作品，它又名“女供货商”，1739年在卢浮宫的沙龙展出。画中的年轻女子提着大包食物从集市归来，刚跨进门厅，正要向厨房走去。沉重的包袱促使她停了下来，靠着柜子稍事休息片刻。在她的脸上，流露出一丝不易觉察的忧伤。我们静静地与她一起等待，并琢磨着我们真正在看的究竟是什么。我们看到的是一层颗粒状的、轻纱般的绘画涂层，奶黄色的笔触描绘出了人物和物品的真实质感，以及轻轻落于它们之上的明亮光线。房间的连续性在以灰褐色为基调的薄而平整的作品表面营造了空间感。色彩是作品的主体和实质，在画作中占据着最重要的地位。

弗朗索瓦·布歇

《浴后的狄安娜》，1742年

画布油画
56 cm × 73 cm
1852年购买收藏

布歇是18世纪法国文化与风尚的标志性艺术家，以放荡不羁和富于个性的风格创作了大量神话、性爱、情色题材的香艳画作，展现了盛行于凡尔赛宫廷的寻欢作乐、矫揉造作、充满诱惑的精神情趣。在凡尔赛宫，他是蓬巴杜夫人的宠儿，为后者绘制了许多美丽动人的肖像作品。尽管布歇在同时代人之中广受好评和赞赏，但到了新古典主义时期，却因作品被认为轻佻浮薄、趣味低俗而遭到了被埋没的命运，直至19世纪中期才与同样活跃于路易十五统治时期的其他一些画家共同得到了世人的重新评判。布歇获得过皇家绘画与雕塑学院的罗马奖，1728至1731年赴意大利学习，潜心研究拉斐尔、柯勒乔和皮耶特罗·达·科尔托纳的作品风格，从这幅作品就可以看出那次意大利之行对他的影响。画中用金黄色描绘的女神裸体柔嫩细腻，具有柯勒乔的风格。这幅画是布歇的精湛画技尤其是绘制裸体的娴熟技艺的真实证明，证明了他不仅是一个卓越的色彩画家，而且是一个出色的设计师。

让-奥诺雷·弗拉戈纳尔

《音乐课》，约1769年

画布油画
110cm×120cm
1849年收藏
捐赠品

没有什么能比下面这个定义更贴切地形容弗拉戈纳尔的绘画了：他代表了18世纪，是18世纪的芳香馥郁的本质。弗拉戈纳尔先后师从夏尔丹和布歇，1756年获得了皇家绘画与雕塑学院的罗马奖。他来到意大利后，对巴洛克绘画，尤其是皮耶特罗·达·科尔托纳的绘画进行了研究，使自己以快速且出色至极的笔法描绘的景象变得更加生动艳丽。1765—1770年期间，他创作了一大批架上绘画，其题材之丰富、运用技巧之多样以及充满生气的独特风格给人留下了深刻印象。他还涉足过情欲类题材，绘制过一些让人联想到布歇作品的撩人的情色场面和神话场面。不过，他在描绘画中的风景时，运用的却是北欧的风格。这件有趣的作品与其说是一幅完稿的画作，倒不如说更像一幅草图。弗拉戈纳尔拿手的充满激情的技法在作品中被简化处理，跃动而飞速的笔触描画出长长的、呈几近规整的网格状排布的彩色线条，使画布的背景色从中透了出来。

这个发生在两位年轻主人公之间的充满色情意味的场面，很容易让人觉得这堂音乐课只是男教师和他的年幼女学生谈情说爱的借口。虽然从18世纪中期开始，新生的新古典主义风格的一些最初特征逐渐显露成形，但弗拉戈纳尔对这种全新的艺术形式无动于衷，继续以最全面的创作手法忠实地表现着洛可可的艺术风格。

画布油画
330 cm × 125 cm
来自于路易十六的收藏

雅克–路易·大卫

《荷拉斯兄弟之誓》，1784年

这幅画是新古典主义艺术的标志性之作，代表了艺术史上的一次重大转折：朴实的写实风格、严谨的构图设计、雄浑豪迈的笔调为后世的绘画艺术树立了典范。鼓励法国艺术家创作历史题材画的正是宫廷上层阶级，但后者却万万没有想到，这幅《荷拉斯兄弟之誓》会在短短几年后升华为道德价值的象征，鼓舞了参与大革命的一些主要人物。为完成这幅重要的订件，大卫迁居罗马进行创作。1785 年，画作在巴黎沙龙成功展出，其新颖而自主的艺术语言获得了接受和认可。大卫选取的主题出自古罗马历史。在中景处拱门的映衬之下，画面被清晰地划分成了三个部分，使观画者的视线顺着艺术家设计好的顺序前行，首先聚焦于三兄弟身上，然后顺着他们移至父亲身上，最后落到了三个哭泣的女子身上。英勇无畏、坚韧不拔和多愁善感形成的对比是如此强烈，相互间却又是如此密不可分。

研究古代史的学者们发现的矛盾之处——为什么三兄弟中的两人举的是左臂？为什么没有祭坛？为什么三把剑有这么大的差别？——表明画面的表现效果是独立于各个组成部分的逼真性而存在的。

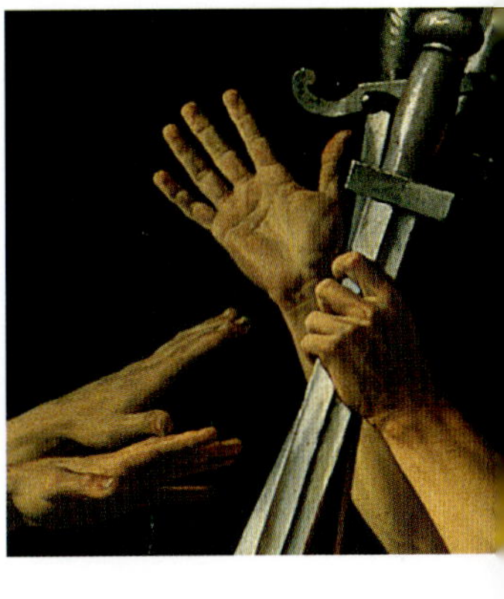

弗朗西斯科·戈雅

《丽塔·德·巴雷内切亚像》，约1793年

画布油画
181 cm × 122 cm
1942年收藏
卡洛斯·德·贝斯特古捐赠

戈雅自1780年起成为马德里上流社会中一位备受推崇的肖像画家，这幅作品是他在经历了致其耳聋的那场重病后不久创作的。画中的女子是索拉纳侯爵及卡皮奥伯爵夫人，1795年去世时年仅38岁。戈雅在为她画像时，采用了他所确立的贵族肖像风格：人物立于画面之中，衣着简朴却不失高贵风范，仅靠那朵粉色的蝴蝶结体现与奢华的联系。雅致的妆饰伴随着深刻的心理描写，在她脸上流露出庄严而坚毅的非凡气质。

这位女性形象绘于艺术家的风格成熟时期，因朴素无华和与其外表几乎不相称的拘谨而在戈雅众多生动的肖像画中脱颖而出。虽然表现忧虑、残酷、贫苦和不公是戈雅作品最主要的特征，时常可见于他那些出色的油画作品和著名的版画中，但他的肖像画却与之截然不同，展现了最为从容和平静的一面。而在这些以女性的迷人、貌美、优雅和知性令人心动的画面中，戈雅同样展现了非凡的创作力，赢得了人们的崇高敬意。纤细的人物形象在空白的、几乎完全没有环境构设的背景中显得格外突出，使所有的注意力都聚焦在了她的身上。艺术家将自己的创意凝聚于画面的色彩之中，对色彩做了对比鲜明的处理，有意使深黑色的衣服与亮色调的纱巾和蝴蝶结形成对照，而白皙、瘦削、高傲的脸蛋则与环绕于周围的一头蓬乱黑发形成了对照。

画布油画

174 cm × 244 cm

1826年购买收藏

雅克–路易·大卫

《雷卡米埃夫人像》，1800年

卧榻、灯架和雷卡米埃夫人的衣服，都是拿破仑统治时期的装饰、陈设和服饰所特有的风格，显得古色古香。在当时，形象艺术、文学和时装都以满足拿破仑的幻想为目的，让他觉得自己将古罗马的古代世界重新带回到了现实生活中来。大卫也通过绘画创作和家具设计，为这种风格的传播发挥了自己的作用。

这幅未完成的名作，是大卫职业生涯核心时期的作品。当时的他，作为拿破仑时代的官方画家，地位达到了前所未有的高度。随着1800年的到来，催人奋进的大革命业已化作了回忆。大卫的作品虽然华丽宏伟、气势非凡，却也免不了遭到一些评论家的批评，被认为是歌功颂德的产物。不过，他的肖像画依然是其个性和风格的最有力见证，而这幅《雷卡米埃夫人像》便是其中最具影响力的作品之一。画中这位美丽的贵妇人显得优雅而温柔，她微微转过头来，将细嫩而敏感的面孔朝向观画者。她的姿态虽然经过了精心设计，但却让人觉得格外纯朴。画面环境异常简洁，左侧那只细长的三足灯架成为构图和绘画空间内的重要参照物。强劲有力的笔触生动地描绘了靠垫、服饰和编织而成、闪现着光亮的卷曲秀发，与罕见的简洁环境形成了呼应。

安-路易·吉罗代·德·鲁西-特里奥松

《阿达拉的下葬》，1808年

画布油画
207 cm × 267 cm
1818年购买收藏

《阿达拉的下葬》是王朝复辟时期购买的画作，最初收藏在卢森堡宫。在当时，这座宫殿刚刚被改造一新，成为一座面向艺术家们开放的博物馆。虽然这幅画创作于10年前的拿破仑时代，但它并没有因此被视为一件危险之物，因为它的主题取材于当时最受欢迎的小说之一——夏多布里昂的名著《阿达拉》，与大革命无半点瓜葛，不存在任何政治或世俗隐喻。《阿达拉》出版于1801年，讲述了发生在两个“野蛮人”之间的凄美的爱情故事，其异国情调吸引了后来的许多画家，为他们提供了创作灵感。夏多布里昂运用于文学作品的题材也被艺术家运用到了画作之中，忧郁而柔和的色调和强烈的明暗对比无疑是前期浪漫主义的风格特征，既富于戏剧性，又温情伤感，与更为理性的新古典主义风格在作品中相得益彰。吉罗代画完这幅作品后，次年又为夏多布里昂绘制了一幅著名画像，生动地塑造了一种全新的艺术家形象——一个头发蓬乱、忧郁的天才。

刻在洞穴石壁上的文字述说的是少女的生命,称之为“像鲜花一样绽放”,“像牧草一样凋零”。

小伙子绝望地哀悼着心上人阿达拉的离世。这两个纯朴而充满热情的人相恋于美国南部的法国殖民地，密西西比河沿岸一个原始地区，但他们的恋情与那里的宗教律法产生了冲突。宗教的象征不仅体现在背景中的十字架上，而且通过少女腹部的十字架和修士的形象得到了体现。

细腻流畅的笔触、清晰光洁的画面、人体所散发的大理石般的光彩和经过精密计算而达到的平衡的构图，表明画家虽然与雅克－路易·大卫各自有不同的创作灵感，但在艺术风格上却达到了一致。

泰奥多尔·席里柯

《梅杜萨之筏》，1819年

画布油画
491 cm × 716 cm
1824年购买收藏

这幅巨幅油画1819年在沙龙展出时，因对于人物形象那现实主义的令人毛骨悚然的描绘而引起了极大轰动。“梅杜萨号”帆船战舰遭遇海难后，一大批船员被抛弃在塞内加尔海岸外的深海中漂泊了12天，期间149人罹难。席里柯听闻这场惨剧后深受震动，选择描绘15个生他们的姿势混乱不堪，按透视法缩短的身体和四肢弯折扭曲，但画面的整体构图却显得协调稳定，以船桅的支索为边框，清楚地构成了一个金字塔形结构。背景中透视缩小的远景快速地离观画者而去，但同时又将观画者拉入画面之中，一同朝那里前行。

还者望见远方那艘使他们最终得救的船的高潮时刻。在创作这幅表现人类极致苦难的画作以前，席里柯去医院绘制了多幅现场写生，并开展了一系列密集的准备性研究。虽然人物的动作复杂多样，但从中爆发出异常强烈的情感和激情；虽然

1816年，25岁的席里柯前往意大利学习，在同古代遗迹和伟大的16世纪艺术面对面接触的过程中，内心产生了新的思考和兴趣。这趟重要的学习之旅对他的影响明显地表现在了这幅《梅杜萨之筏》中，可以注意到，他效法了米开朗琪罗和卡拉瓦乔的艺术风格。

画布油画
260 cm × 325 cm
1830年购买收藏

欧仁·德拉克洛瓦

《自由引导人民》，1830年

我们现在看到的这幅油画，是用于纪念1830年7月发生在法国的那场推翻复辟的波旁王朝、驱逐查理十世的革命，史称“光荣的三天”。巴黎市民举行起义，原本是想重新建立共和国，但这一目标并没有能够实现，迎来的是路易·菲利普执政的君主立宪政体。德拉克洛瓦曾在国民卫队服役，虽然没有直接参与这场起义，但具有自由主义思想和崇尚浪漫主义画派的他，将自己也画在了作品之中，也就是那个头戴高礼帽、手握长枪的男子。象征自由的女子挥舞着三色旗，引导千千万万战士穿过笼罩着巴黎的炮火硝烟前进。强烈的感染力和毋庸置疑的戏剧性效果，不仅通过振奋人

心的炽烈色调、慷慨激昂的姿态造型和人物形象的位置排列得到了传达，而且在几乎被两名阵亡者完全占据的开阔近景中表现得尤为突出。采用现实主义手法描绘的人物形象，清晰地体现了他们所属各个阶级的身份特征，被艺术家以发自内心的炽热激情，团结在了这首壮丽的英雄史诗之中。

这幅画被誉为第一幅具有政治意义的现代绘画，因为它标志着浪漫主义艺术停止了对古代事物的描绘，转而参与到同时代的现实生活中来。

让-巴蒂斯特·卡米耶·科罗

《沙特尔大教堂》，1830年，1872年修改

科罗早年在家人的安排下从事经商活动，直到1822年他26岁时才得以改行学画。他在巴黎的多位画家门下接受了专业培训后，又去意大利学习了两年，其间绘制了一系列数目繁多的风景画。那些作品标志着他个人艺术追求的开始，而这一追求贯穿于他的整个职业生涯，使他最终成为19世纪最伟大的风景画家。《沙特尔大教堂》创作于他从意大利回来后不久，是他仍将建筑物作为其风景画核心要素的那个创作阶段的见证。每一个透视平面都表现得非常清楚，相互间形成了鲜明的对照。大教堂构成了画面稳固的中心，将散射于风景中的光线聚集在它之上。作品不带有任何诗情画意，一切都显得那么随意和直观。土坡和石堆横插在背景和近景之间，挡住了预先选好的画面景色。没有哪个组成部分比其他部分表现出更强的重要性，即使是这座古老的大教堂也不例外：它在薄如轻纱的、明亮的蔚蓝色天空的映衬下，实现了与周围环境的统一，和谐地融入整个画面空间。

画布油画
64cm × 51cm
1906年收藏
艾蒂安·莫罗-内拉东捐赠

欧仁·德拉克洛瓦

《闺房内的阿尔及尔女人》，1834年

画布油画
180cm×229cm
1834年购买收藏

1832年，德拉克洛瓦到西班牙和摩洛哥旅行，其创作倾向从此产生了决定性的转变。这幅名画是19世纪最著名的作品之一，诞生于艺术家在短暂的阿尔及尔之行期间的所见所感，开启了其艺术风格一个全新的阶段。从那时起，德拉克洛瓦长期从东方的生活中汲取创作灵感，并致力于描绘狮子、马、音乐家和阿拉伯喜剧演员的形象。他曾实地参观过穆斯林人家中的一个女眷闺房，深深地陶醉于所看到的情景，于是将其重现于这幅作品之中。对于这番景象，著名诗人、艺术评论家夏尔·博德莱尔评论说："这幅如诗的精巧画面……将我们带向了笼罩着忧伤的令人遗忘的边境之地。"坐垫、帷幔、服饰、装饰陈设和珠宝等物品得到了细致而精准的描绘，在精心设计的光线的照射下相映成趣，熠熠动人，营造了奢华富丽的效果。不过，从画面的一些部位可以看出德拉克洛瓦后来在职业生涯晚期一直使用的自由而简练的笔法风格，以及与传统的套路模式渐行渐远的复杂构图。《自由引导人民》和《闺房内的阿尔及尔女人》先后于1830年和1834年在巴黎沙龙展出，并都被路易·菲利普买下。然而，《自由引导人民》由于其内容具有革命性而在很长一段时间内不得不远离公众视线，直到1848年以后才得以流行；而《闺房内的阿尔及尔女人》则在展出后就立刻赢得了成功，无论是在德拉克洛瓦的仰慕者还是其他艺术家中都广受赞誉。毕加索后来就在这幅名作的基础上，临摹和再创作了足足15幅作品。

让-奥古斯特-多米尼克·安格尔

《土耳其浴室》，1859—1863年

木板油画
直径110cm
1911年收藏
卢浮宫友人会捐赠

这幅画被其购买者、威斯特法伦王国的拿破仑亲王送还后，安格尔将原本是方形的画面修改成了圆形。在这一改动中，他充分利用了画面的结构，为缓慢地渐次缩小的女性形象构建了一个全新的空间，并通过肌肤所呈现的色调的变幻更迭进一步强调了空间的递进效果，使众多的浴女形象和谐地融入了这个丰富而统一的环境之中。

这幅画是艺术家对自己五十多年来的创作历程的概括总结。五十多年以前，安格尔阅读了英国驻土耳其大使夫人玛丽·沃特利·蒙塔古的书信集，了解到他所崇敬的希腊人的风俗习惯同样风行于伊斯兰世界。于是，他根据蒙塔古夫人的叙述和其他绘画资料，创作了许多关于浴女的油画，将女性裸体与异国情调进行了完美的结合。而多年以后，那些画作中的浴女形象又齐聚于年事已高的安格尔创作的这幅著名的《土耳其浴室》之中。

大量的素描手稿表明，安格尔在创作这幅作品时，既对每一个浴女的形象做了单独的研究，又对她们多变的相互关系进行了充分的构想。因此，这幅作品的创作耗费了相当长的时间，而以表现女性身体曲线为基础的抽象艺术语言可以说产生了无与伦比的视觉效果。安格尔对女性形象的研究和描绘表现出了高涨的热情，将其凌驾于其他一切价值之上。只需看一看近景中那个裸体的女子，就能明白其“扭曲”的身体达到了怎样一种和谐动人的境界。

《纳拉姆辛胜利石碑》，公元前第三个千年的后半期

这块石碑最初被竖立在位于巴比伦北部的供奉太阳神的希帕尔古城，公元前12世纪被埃兰国王舒特鲁克·纳克杭特作为战利品运回了苏萨。石碑上刻画了阿卡德国王纳拉姆辛战胜伊朗西部一些山地居民的场面。戴着头盔的纳拉姆辛站在他的部队最前面，头盔上装饰着两只长角，象征着他是神明。他踩在敌人的尸体上，向高悬在山顶之上的两个光芒四射的太阳致敬。这是一块非常出色的浮雕，很可能是现存最古老的形象艺术作品。从石碑的图案可以看出，作者试图表现一个由多个平面组成的立体空间，并且在描绘这场复杂事件的所有参与者时考虑到了每个人实际所处的地形位置。战场的实际地形从一定程度上降低了构图设计的难度，波浪形的线条勾勒出山岭的轮廓，再现了逐渐升高的山嘴，赋予画面一种上升的动势。树木在浮雕图案中的出现，表明这位阿卡德雕刻家是一个热爱自然的细心观察者。

粉红色砾岩
200cm×105cm
出处：出土于苏萨
最初竖立于希帕尔古城

雕塑及艺术品

《书吏坐像》，古埃及第四或第五王朝，公元前2600—前2350年

彩绘石灰石雕塑，天然水晶
53 cm × 44 cm × 35 cm
出处：出土于萨卡拉

这尊雕像是古埃及雕塑史上最著名且最精彩的杰作之一，19 世纪期间在一场对萨卡拉大型墓区开展的疯狂发掘活动中出土。虽然雕像上未刻有任何能表明这位书吏身份的铭文，但其卓越超群的做工和品质，至今仍保留着最初的色彩，使我们认为被立像者是一个重要人物。在古埃及的金字塔式社会结构中，书吏占据着一个非常重要的位置，其地位仅次于贵为神明的法老，与祭司和武士相当，因为他们掌握着“书写”这样一门复杂的技术。采用书吏式坐姿的那些最古老的雕像，刻画的都是在王国中身居要职的权贵人物。看起来，这位雕塑家在创作时虽然受到延续了数个世纪的一种传统模式的制约，遵循了一定的规则和模式，但他可以自由灵活地作出自己的选择，从而以最严谨而抽象的构思再现了最生动鲜活的现实。

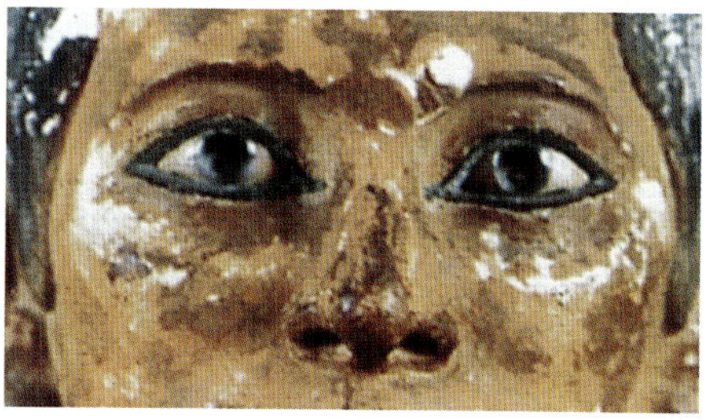

雕像的双眼以天然水晶制成，镶嵌在铜质眼眶内，赋予这张睿智的面容以炯炯有神的目光，令人印象深刻。人物形象取严格的正面姿态，体现了雕塑家的精雕细琢和高度的现实主义风格。

彩绘赤陶雕塑
198 cm × 117 cm
出处：切尔韦泰里
邦迪塔恰大型墓区

《陶棺上的夫妇像》，公元前525—前500年

伊特鲁利亚人认为，阴间的生活是地面上现世生活的延续。因此，伊特鲁利亚艺术不仅像古埃及和古希腊的墓葬艺术一样，描绘出阴间那等待着死者的幸福生活，而且让人产生这样一种印象：坟墓中的死者是去参加一场阴间的盛宴，就像在世时一样。这种墓葬纪念物的设计理念后来为古罗马人所传承，并在文艺复兴的样式中得到了延续。

这件被称为“陶棺”的雕塑，实际上是一只尺寸巨大的双人骨灰盒，其制作年代可以追溯到伊特鲁利亚艺术的古风时期。陶棺上的塑像刻画了一对深情相拥的已故夫妇形象，他们横卧在一张古希腊式床榻上，仿佛正在参加一场盛宴。妻子头戴一顶翻边帽，脚上穿一双翘头的鞋子，着装服饰皆体现了伊特鲁利亚的民族特色。由于采用了爱奥尼亚艺术的造型结构和表现手法，这件雕塑一度被推测是由希腊人所作，但事实上并非如此。它的作者虽然遵循了希腊古风时期的传统风格式样，却展现了比古希腊人更为高明的创作技巧，精心设计了一种富于情感的、自主的艺术风格（不过其表现力受到了当地对赤陶大规模的娴熟使用的制约），其特点是对现实生活尽可能贴近，以直观的理解和情感的共鸣刻画出现实生活真诚而充满人情的一面。

《波斯弓箭手卫队》，约公元前510年

上釉彩砖
长475 cm（每名弓箭手高147 cm）
出处：苏萨，大流士一世王宫

用上釉彩砖砌成的浮雕式檐壁，作为美索不达米亚地区的古老传统，被阿契美尼德帝国的历代国王系统而大量地装饰于他们宏伟壮丽的王宫。大流士一世（公元前522—前486年在位）将苏萨定为波斯王国的行政首都后，在城中修建了一座巴比伦风格的宫殿，其中包含有一个柱廊式的觐见大厅。宫殿中反复出现的装饰图案是波斯军队的士兵形象。苏萨的艺术家们在刻画这些弓箭手时，一方面从古希腊的范例中获得启发，为他们绘制了华丽的带褶边的长衫（这显然不是他们作战时所穿的制服），使他们以盛装的形象登场；另一方面使他们统一于一种风格化模式之中，这在他们胡须和头发的造型上表现得尤为明显。这种风格化模式独立于其他任何一种风格式样，代表了古代波斯艺术最独特的贡献。

苏萨的弓箭手，就是大名鼎鼎的波斯“长生军”（又译为不死军），他们手持末端装饰着金质或银质圆球的长矛，在檐壁中组成了一支象征性的卫队。而这支队伍，无论在何时何地都重复着同一个（虽然个别地方有微小变化）风格——自成一体的造型、独特的人物形象。

《泛雅典娜节的游行队伍》，公元前445—前438年

大理石
96 cm × 207 cm
出处：雅典
帕特农神庙中楣石板

飘动的衣褶和完美的造型设计使这些少女的形象显得逼真而生动。在她们的行进中，一种悦人的协调感油然而生，它从一个人物传递向另一个人物，将所有人都笼罩于其中，使发生在我们眼前的这个既平凡又神圣的戏剧性场面维持了时间与地点上的一致。

帕特农神庙的大理石雕塑代表了古希腊雕塑所达到的平衡的最高境界。在这座供奉雅典娜女神的神庙中，环绕着神像室的情节连续的中楣装饰，是由菲狄亚斯领导下的一队雕塑家及工匠用了几年时间创作完成的。菲狄亚斯选择的题材，是每四年在雅典举行一届的“大泛雅典娜节”中的游行场面。这件雕塑是中楣东段的第七块雕板，描绘的是游行队伍中的所谓“厄尔伽斯提纳少女”，她们负责纺织雅典人民敬献给守护神雅典娜的神圣绣袍，并将其护送至卫城的神庙。庄严的游行场面因创作者加入两个男性人物形象而产生了节奏感，成为古希腊浮雕设计的一个典范。画面的景深只到达中景的人物那里，再往后就只有一片空白的天空（或一堵实墙）。在虚部和实部构成的整体平衡之中，每一个人物都以相同的形式从背景中凸出，无论单个的人物形象还是他们组成的群像，都与其他任何一个部分表现出了同等重要的地位。

雕塑及艺术品

《萨莫特拉斯的胜利女神》，约公元前190年

船体为灰色大理石
雕像为帕罗斯白色大理石
高328cm（含双翼）
出处：萨莫特拉斯，爱琴海北部

参观卢浮宫，最激动人心的时刻莫过于站在这件辉煌而不朽的艺术珍品前的大台阶下，慢慢地拾级而上，走近这尊在古希腊人心目中具有年轻貌美的女性外貌且长羽翼的胜利之神雕像。雕像出土于萨莫特拉斯岛，最初是为了庆祝一场海战的胜利而竖立的，因此它作为还愿用的奉献物，与公元前2世纪初罗德岛人取得的军事胜利存在着联系。胜利女神站在一艘舰船的船头，迎风张开双翼，缺失的右手显然应该是呈高举的姿势。随风劲舞的衣裙像是仿效了具有后菲迪亚克时期风格的所谓“沾湿的衣褶”的雕刻技法，但却表现出更加逼真的效果，更偏向于巴洛克艺术风格。衣褶的纹路走势与扭转的身躯相协调和统一，其风格特征后来为帕加马祭坛上的浮雕所借鉴，促使人们相信这尊雕像的创作时间位于古希腊历史一个相对晚期的年代。

胜利女神振翅前倾，就好像她的庄重前行更多依靠的是双翼的作用，而不是她勇敢迈出的步伐。她被海风包裹住了全身，轻盈的长衫与泛起的衣褶都紧紧地贴在了她的胸口。外衣从她的肩上滑落下来，缠绕在她的双腿之前，而衣边则向后扬起，在海风中舞动。

大理石
211 cm × 44 cm
1821年收藏

雕塑及艺术品

《米洛的维纳斯》，公元前2世纪末

这尊著名的雕像是1820年在米洛岛上一座古代剧院中被发现的，而这座岛屿位于基克拉泽斯群岛中。它曾让人们联想到许多神话人物，其身份一时间众说纷纭。但这位裸露着上半身、自信地展现其女性魅力和性感姿色的女子，与爱神维纳斯的身份最为相符。不过，她也可能是安菲特里忒，米洛岛上供奉的海之女神。这是一件无愧于其美名的杰作，既体现了希腊化时期末的风格特征，又对古典时期的经典范式改进后重新加以运用。丰满而光滑的裸体与粗糙而紧绷的衣褶形成的视觉对比，于女性的优雅之上更添一份热情和真诚的造型姿态，以及对占据的立体空间从容自如的把握，共同表明了对古代名作的回溯和思考能够产生多么重要的效果。

从臀部缓缓滑下的衣裙包裹住双腿，使人物产生了一种瞬间的自发的动势。衣裙上密集的褶痕主要起到隐藏两块大理石的接缝的作用，因为这尊雕像是对两块大理石分别进行雕琢后，叠在一起拼合而成的。雕像的左臂和左脚也是采用一种全新的雕刻方法，分开制作完成的。

雕塑及艺术品

《苏杰尔之鹰》，早于1147年

古代红斑岩、鎏金银及乌银
43.1 cm × 27 cm
出处：法国，圣丹尼修道院宝库

精美绝伦的《苏杰尔之鹰》来自于圣丹尼修道院，是工艺美术的典范之作。圣丹尼修道院在12世纪上半叶是一个盛产艺术品的艺术创作中心，当时任修道院院长的苏杰尔是法国国王路易六世和路易七世的顾问，对中世纪的美学发展起到了至关重要的作用。苏杰尔认为，艺术品的光辉映射出了上帝的光辉，因此他委托工匠制作了不计其数的奢华的手工艺品，极大地丰富了修道院的宝库收藏。工匠们在圣丹尼修道院为他制作的那些器皿，上面都刻有铭文，从中可以推断出作品的创作环境和创作动机。这件作品的诞生，源自苏杰尔找到的一只古代斑岩瓶。他委托法兰西岛大区的一位金银匠为其打造了一只鹰形托座，使二者相结合后成为一件圣餐仪式用的器皿。在苏杰尔看来，斑岩瓶这件原作所蕴含的内在价值——其“古代性”为他创作一件用以赞颂上帝荣耀的新的艺术品打下了基础。

这只动物形状的斑岩瓶与苏杰尔委托制作的另一些镶嵌于贵金属中的岩石或宝石器皿，如陈列于华盛顿国家艺术馆的被称作“阿里爱诺瓶”的圣餐杯，以及卢浮宫收藏的缠丝玛瑙水罐，有着密不可分的联系。

《圣母与圣婴》，1324—1339年

这尊小巧而名贵的雕像是法国王后让娜·埃夫勒于1339年赠送给圣丹尼修道院的。

这件精美绝伦的艺术品，是流行于13世纪至14世纪期间，一款新式的、体积小巧的人形圣物盒的代表之作。雕像中的主要人物——圣母向观众呈现了一个货真价实的圣物盒。圣母像以白银打造，外层镀金，右手执一朵以黄金及水晶制作的百合花，体内盛放着圣母玛利亚的圣物：她的衣服、头发和乳汁。丰满的面颊、衣褶的排列设计和满是褶痕的外袍的下滑所产生的人物形象被放大的效果，皆为14世纪上半叶巴黎艺术的独有特征。底座上的珐琅图案描绘了耶稣儿时及受难的场面，为托斯卡纳金银匠于13世纪末发明的半透明珐琅工艺在法国最早期的应用提供了能够确定作品年代的实物例证。

鎏金银、半透明珐琅、金、天然水晶、宝石及珍珠

高69cm

出处：法国，圣丹尼修道院宝库

米开朗琪罗

《垂死的奴隶》，1513—1515年

出自米开朗琪罗之手的两尊囚徒像——《垂死的奴隶》和《反抗的奴隶》，位居卢浮宫最著名的雕塑行列，其创作初衷是装饰教皇儒略二世的陵墓下层。这位教皇的陵墓工程在实施过程中多次遭委托人叫停和删减规模，折磨了米开朗琪罗长达40年之久。《垂死的奴隶》和《反抗的奴隶》最初体现在1513年制定的第二版设计方案中，但到了1524年又被从新确定的最终方案中删去。1542年，米开朗琪罗将它们赠送给罗贝尔托·斯特罗奇，以感谢后者对自己得病期间的热心收留和照顾。后来，米开朗琪罗还在世期间，这两尊雕像被运至法国，先后安放在位于埃库昂的蒙特莫朗西骑兵统帅城堡和位于普瓦图的红衣主教黎塞留的城堡内。1793年，黎塞留家族的最后一位法国元帅（黎塞留公爵）的遗孀试图将它们出售时，这两尊雕像被革命者没收，成为法国的国有财产。米开朗琪罗为从大理石原料中“掏”出裸体男性形象而付出的脑力和体力上超乎寻常的巨大努力，在这两尊雕像中得到了证明。

大理石
高209 cm
1794年收藏

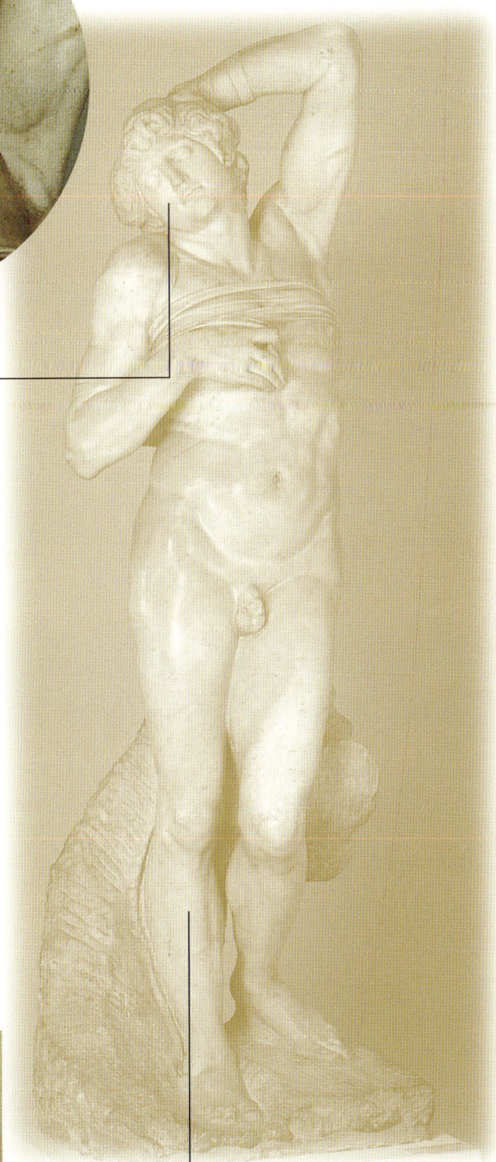

双肘和右膝从三个不同角度固定住这个“盘旋扭曲”的修长的人物形象，限制了他在纵向空间上的扩展，他深陷于缓慢而痛苦的痉挛之中。造成这种痛苦的，与其说是紧紧缠绕在他胸口的缚带，倒不如说更像是无生命力的石料本身。

《垂死的奴隶》和《反抗的奴隶》被认为象征尚武好战的教皇儒略二世征服的行省，或是这位教皇过世后遭受束缚的自由艺术（《垂死的奴隶》被看作绘画的化身，因为他脚边的那只仅雕凿出大体轮廓的猴子表达了“艺术摹仿自然”的寓意），抑或象征柏拉图关于“被囚禁的灵魂”的观点，即灵魂挣扎着想从肉体的枷锁中解放出来。

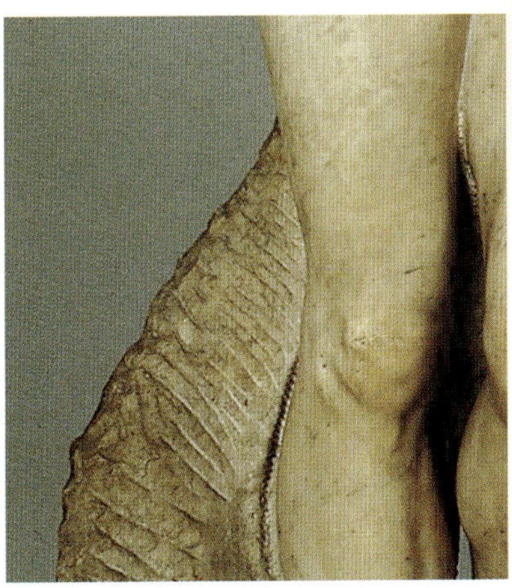

雕像的表面被精心打磨得很光洁，刻画出长长的凸面和沐浴在光照下的结实肌肉，与未经完成的粗糙部分构成了对比，这是米开朗琪罗作品中一贯的表现手法。未完成的部分体现了自主的表现意义，成为与物质斗争和趋向于绝对的张力的象征。

巴黎卢浮宫

参观指南

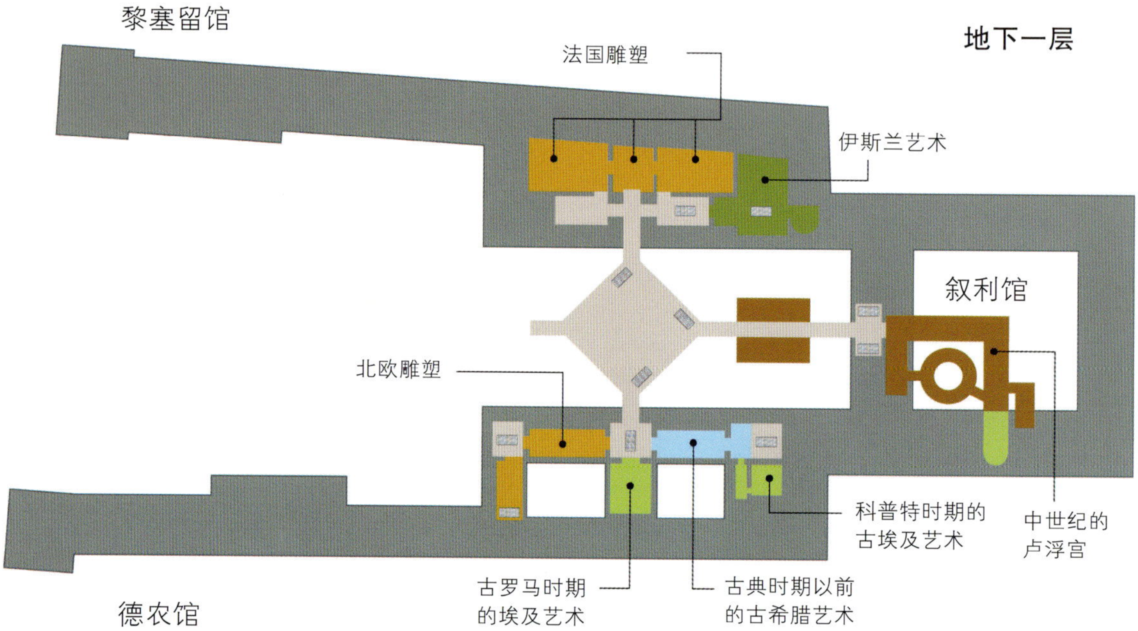
黎塞留馆
地下一层
法国雕塑
伊斯兰艺术
叙利馆
北欧雕塑
科普特时期的
古埃及艺术
中世纪的
卢浮宫
古罗马时期
的埃及艺术
古典时期以前
的古希腊艺术
德农馆

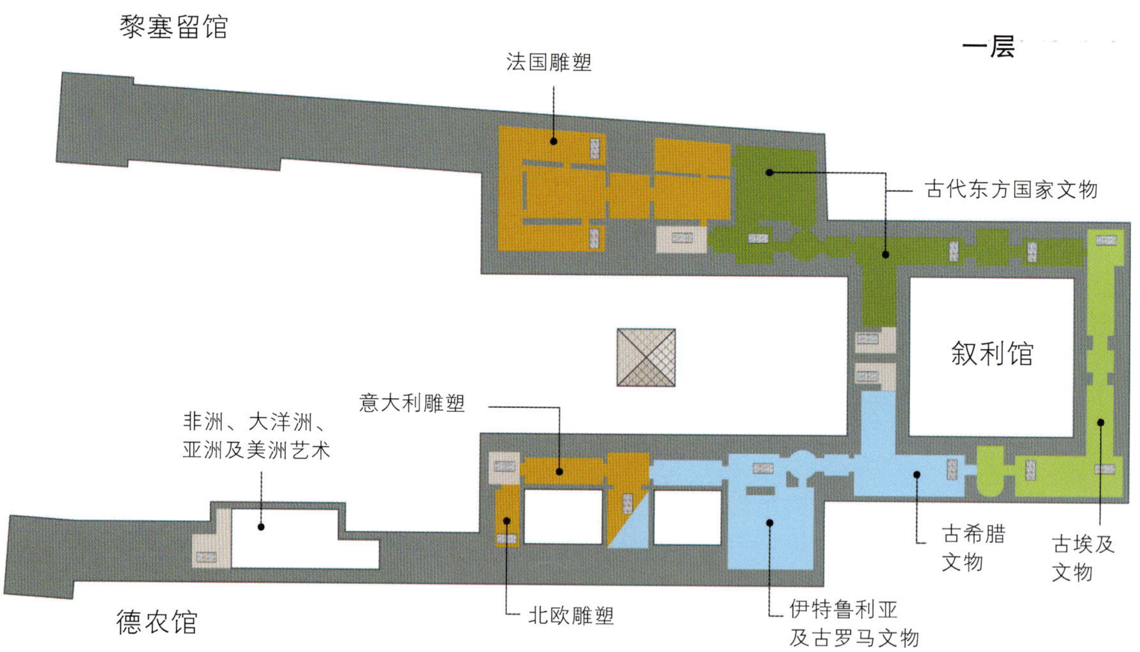
黎塞留馆
一层
法国雕塑
古代东方国家文物
叙利馆
意大利雕塑
非洲、大洋洲、
亚洲及美洲艺术
古希腊
文物
古埃及
文物
北欧雕塑
伊特鲁利亚
及古罗马文物
德农馆

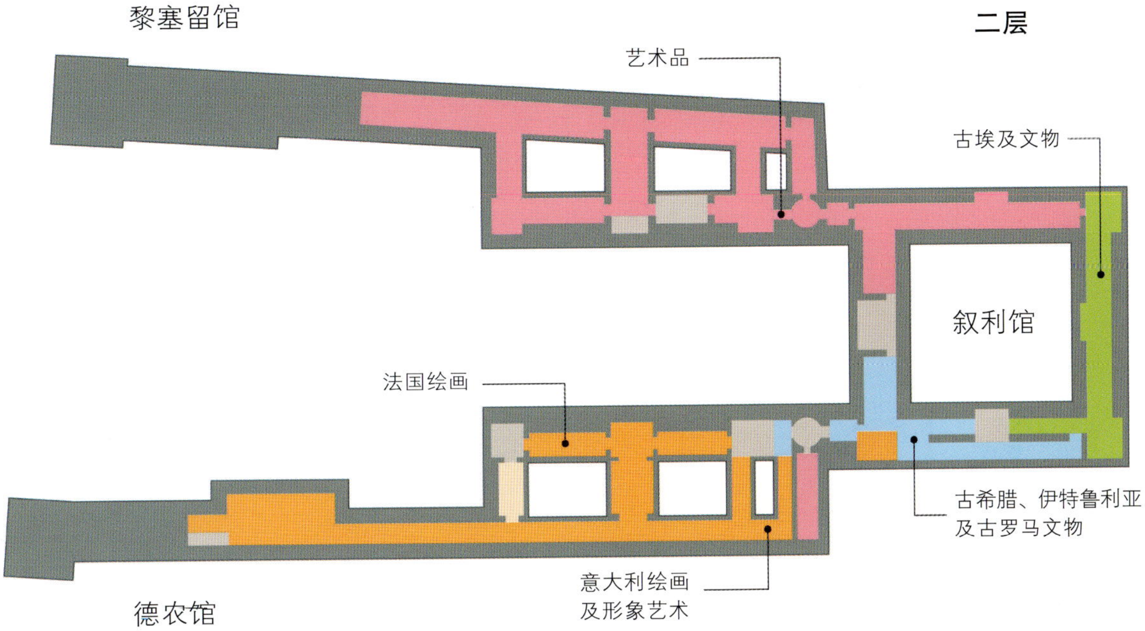
黎塞留馆
二层
艺术品
古埃及文物
叙利馆
法国绘画
古希腊、伊特鲁利亚
及古罗马文物
意大利绘画
及形象艺术
德农馆

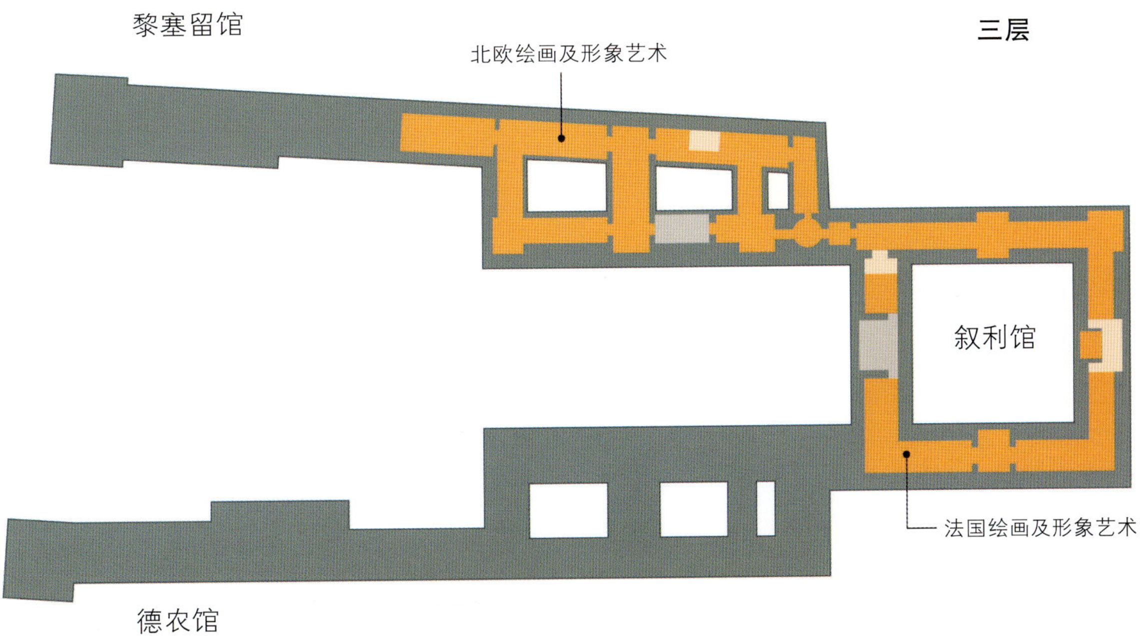
黎塞留馆
三层
北欧绘画及形象艺术
叙利馆
法国绘画及形象艺术
德农馆

艺术家和作品索引

图书在版编目（CIP）数据

巴黎卢浮宫 /（意）亚历山德拉·弗雷格兰特编著；娄翼俊译. — 赤峰：内蒙古科学技术出版社，2018.1（2023.6重印）

（伟大的博物馆）

ISBN 978-7-5380-2923-9

Ⅰ. ①巴… Ⅱ. ①亚… ②娄… Ⅲ. ①博物馆—介绍—巴黎 Ⅳ. ①G269.565

中国版本图书馆CIP数据核字（2018）第025739号

巴黎卢浮宫

编　　著：〔意〕亚历山德拉·弗雷格兰特
译　　者：娄翼俊
责任编辑：那　明
封面设计：李　莹
出版发行：内蒙古科学技术出版社
地　　址：赤峰市红山区哈达街南一段4号
网　　址：www.nm-kj.cn
邮购电话：0476-5888970
印　　刷：三河市华东印刷有限公司
字　　数：120千
开　　本：787mm × 1092mm　1/16
印　　张：10.25
版　　次：2018年1月第1版
印　　次：2023年6月第2次印刷
书　　号：ISBN 978-7-5380-2923-9
定　　价：148.00元

如出现印装质量问题，请与我社联系。电话：0476-5888926，5888917

Published by arrangement with Atlantyca S.p.A.
Original Title Louvre Parigi
Text by Alessandra Fregolent

Photo Reference

©agence photographique de la Réunion des Musées Nationaux:
J.G. Berizzi; Daniel Arnaudet; R.G. Ojeda; Hervé Lewandowski;
C. Jean; Gérard Blot; M. Beck-Coppola; Le Mage.
Erich Lessing / Contrasto
© Owen Franken / Corbis / Contrasto
Archivio Electa, Milano

L'editore è a disposizione
degli aventi diritto per eventuali
fonti iconografiche non individuate.